Mirjam Rodrigues da Silva

Mirjam's Fitness Rezepte

Mit Genuss zur Top-Figur

tredition®

Impressum:

Buchcover: Thomas Stephan
Umschlaggestaltung und Lektorat: Angelika Fleckenstein
Layout: Thomas Stephan/Mirjam Rodrigues da Silva/Stefan Wiesner
Rezeptfotos: Mirjam Rodrigues da Silva
Wettkampffoto: Matthias Busse
Porträtfoto und Foto Bikini schwarz: Thomas Stephan
Trainingsfoto: Privat

Verlag: tredition GmbH, Hamburg
ISBN Paperback: 978-3-7323-1143-9
ISBN Hardcover: 978-3-7323-2565-8
ISBN e-Book: 978-3-7323-1145-3

Bibliografische Information der Deutschen Nationalbibliothek: Die Deutsche Nationalbibliothek verzeichnet diese Publikation in der Deutschen Nationalbibliografie; detaillierte bibliografische Daten sind im Internet über http://dnb.d-nb.de abrufbar.

Mirjam Rodrigues da Silva

Mirjam‘s Fitness Rezepte

Mit Genuss zur Top-Figur

Dieses Kochbuch ist in der Wettkampfvorbereitung auf die Arnold Classic Europe in Madrid und die Amateur Bikini Olympia in Prag entstanden. Alle Rezepte in diesem Buch sind also auch für eine Diät geeignet und können dabei helfen, ohne zu hungern und mit viel Genuss Körperfett zu verlieren und in Form zu kommen.

In Wettkampfform auf der Amateur Bikini Olympia Bühne in Prag

Inhaltsverzeichnis

Über mich ... 8
„It's not a diet, it's a lifestyle!“ ... 9
Mein persönliches Ernährungskonzept ... 11
Ein paar Anmerkungen zu meinen Rezepten ... 13
Hinweise zu den Nährwertangaben ... 15

Frühstück

Schoko-Porridge mit Bananen und Kokosraspeln ... 16
Frühstücks-Pancake mit Himbeer-Blaubeer-Topping ... 18
Kokos-Vanille-Brei mit Mangopüree ... 20
Süßer Eierreis mit Äpfeln, Rosinen und Walnüssen ... 22
Knusper-Quark mit Orangen und Pistazien ... 24
Quarkkuchen mit Cranberries und Pekannüssen ... 26
Cookies & Cream Porridge ... 28
Erdbeer-Papaya-Shake ... 30
Reisauflauf mit Äpfeln und Cashewkernen ... 32
Himbeer-Hafer-Cupcakes ... 34

Mittagessen

Spaghetti mit zimtiger Bolognese ... 38
Kichererbsenpfanne mit Spinat und Tatar ... 40
Erdnusshähnchen mit Couscous ... 42
Putencurry mit Karotten und Zucchini ... 44
Thunfisch-Reis-Pfanne All' Arabiata ... 46
Avocado-Burger mit Rosmarinkartoffeln ... 48
Hähnchenspieße mit scharfer Kokossoße und Basmati ... 52
Vollkornpasta mit mediterraner Thunfischsoße ... 56
Ofenhähnchen mit Thymiankartoffeln, Auberginen und Knoblauch-Dip ... 58
Gefüllte Dinkeltortilla mit feurigem Chili-Salat ... 62

Low Carb Abendessen

Garnelenspieße mit Kichererbsen-Mandel-Dip ... 66
Kürbiskernomelette mit getrockneten Tomaten und Basilikum ... 68
Lachs in Kokos-Tomatensoße ... 70
Thunfischfrikadellen an Brokkoli-Walnuss-Püree ... 72
Low Carb Pizza mit Mozzarella, Parmaschinken und Rucola ... 76

Rührei mit Pfifferlingen, Schinkenwürfeln und Pinienkernen 80
Rindfleischpfanne mit Paprika und Cashewkernen 82
Leinsamenomelette mit Feta, Spinat und Kirschtomaten 84
Wildlachs an Tomaten-Zwiebel-Gemüse 86
Zander im Serranomantel mit Koriander und grünem Spargel 88

Suppen
Tomatensuppe mit Garnelen und gerösteten Pinienkernen 92
Kalte Avocadosuppe mit Räucherlachs 94
Linsensuppe mit Putenbrust und Kartoffeln 96
Gazpacho mit Serranoschinken 98
Kokossuppe mit Zitronengras, Hähnchen und Brokkoli 100

Herzhafte Snacks
Couscoussalat mit grünem Spargel und Garnelen 102
Hüttenkäsesalat mit Leinsamen und Ei 104
Schnittlauchbrot mit Schinkenomelette 106
Süßkartoffelchips mit Avocado-Dip 108
Reiswaffel-Mini-Pizzen 110

Süße Snacks
Reisquark mit gefrorenen Himbeeren 112
Süßer Reiswaffelsnack 114
Kokosquark mit Kirschen 116
Proteinmilchreis aus Naturreis 118
Bratapfelsnack mit Vanille-Mandel-Creme 120

Low Carb Dessert
Espressocreme mit gerösteten Mandelsplittern 122
Apfel-Zimt-Muffins 124
Tiramisu 126
Eiweiß-Crêpes mit Protein-Nutella und Bananen 130
Mousse au Chocolát 134
Haselnusscreme 136
Schoko-Kokos-Brownies 138
Mandelkekse 140
Schokoladen-Soufflé 142
Bananen-Muffins mit Blaubeeren 144

Über mich

Ich heiße **Mirjam Rodrigues da Silva**, bin studierte Kommunikationswissenschaftlerin, angehende Lehrerin und außerdem bayerische und deutsche Meisterin in der Bikini-Fitness-Klasse. Ich bin eine leidenschaftliche Hobby-Athletin, die den Fitness-Lifestyle liebt und lebt!
Wie aus dem Wort Hobby schon herauszuhören ist, betreibe ich meinen Sport nicht hauptberuflich. Wie jeder andere normale Mensch muss auch ich meinen täglichen Verpflichtungen nachgehen. Trotzdem schaffe ich es, durchgehend einen fitten, gesunden und schlanken Körper zu haben.

Wie ich das schaffe? Ganz einfach! Ich betreibe regelmäßig Kraft- und Cardio-Training und verfolge kontinuierlich ein intelligentes Ernährungskonzept. Dieses Ernährungskonzept habe ich mir im Rahmen meiner Fitnesskarriere selbst erarbeitet. Ich habe mich intensiv mit dem Thema Ernährung auseinandergesetzt und mir ein umfassendes Wissen darüber angeeignet. Da mir eine einseitige Ernährungsweise widerstrebt und es teilweise ziemlich schwer ist, originelle Fitnessrezepte zu finden, die auch noch schmecken, habe ich dieses Wissen im Laufe der Zeit in viele kreative Gerichte umgesetzt. Weil ich häufig nach Ernährungstipps gefragt werde, entstand eines Tages die Idee, meine Kreationen in einem Kochbuch zu bündeln. In der Vorbereitungszeit auf meine Wettkämpfe habe ich diese Idee dann in die Tat umgesetzt und mit dem Schreiben von **„Mirjam's Fitness Rezepte"** begonnen.

www.mirjamrodriguesdasilva.com

Beim Training in der Wettkampfvorbereitung

„It‘s not a diet, it‘s a lifestyle!“

Ganz nach dem Motto: *„Es ist keine Diät, sondern eine Lebenseinstellung!"* ist es für mich mittlerweile selbstverständlich geworden, mich bewusst zu ernähren. Dabei kann ich mein Essen jeden Tag aufs Neue genießen, denn gesunde Ernährung muss keineswegs langweilig und eintönig sein! Mit ein bisschen Kreativität lassen sich viele leckere Gerichte zubereiten, mit denen man sich energiegeladen und gut fühlt und die auch geschmacklich keinerlei Wünsche offenlassen.
Da ich einen sehr straffen Tagesablauf habe, der es mir nicht ermöglicht, stundenlang in der Küche zu stehen, ist es für mich wichtig, dass ich alle Gerichte schnell und ohne viel Aufwand zubereiten kann. Daher haben die meisten Rezepte in diesem Buch auch eine Zubereitungszeit von 10 bis maximal 20 Minuten. Nur sehr wenige Gerichte nehmen mehr Zeit in Anspruch und das dann auch nur in Form von Marinier-, Back- oder Kühlzeit.

Durchtrainiert und schlank mit Hilfe
von fünf einfachen Ernährungsgrundregeln

Mein persönliches Ernährungskonzept

Ich ernähre mich immer sehr abwechslungsreich und ausgewogen, unabhängig davon, ob ich mich gerade auf einen Wettkampf vorbereite oder in der sogenannten „Off-Season" befinde. Wenn ich definierter aussehen möchte, reduziere ich einfach die Menge der Kohlenhydrate und Fette und erhöhe den Cardio-Anteil in meinem Training. Ansonsten sieht meine Ernährung das ganze Jahr über gleich aus. Sie basiert stets auf fünf einfachen Grundregeln:

1. Fünf Mahlzeiten am Tag!

Alle drei bis vier Stunden nehme ich eine Mahlzeit zu mir, die sich meist im Rahmen zwischen 250 und 500 Kilokalorien bewegt. Ich esse also relativ häufig. In der Regel komme ich so auf fünf Mahlzeiten am Tag. Auf diese Weise habe ich nie Hunger, halte meinen Stoffwechsel auf Trab und stelle meinem Körper immer die Nährstoffe zur Verfügung, die er gerade braucht. Daher entsprechen die meisten Portionsgrößen in diesem Buch auch dem Kalorienrahmen, in dem meine Mahlzeiten für gewöhnlich stattfinden. Die Portionsgrößen können jedoch ohne Probleme jeweils individuell an den persönlichen Bedarf angepasst werden.

2. Viel Eiweiß essen!

Eiweiß ist der Baustoff für die Muskulatur, fördert die Fettverbrennung und dient als Muskelschutz in Diäten. Um einen durchtrainierten Körper mit schönen Muskelkonturen und niedrigem Körperfettanteil zu bekommen, ist es daher wichtig, sich eiweißreich zu ernähren. Deshalb achte ich darauf, dass jede meiner Mahlzeiten einen angemessenen Proteinanteil enthält. Meinen Eiweißbedarf decke ich dabei über hochwertige Proteinquellen wie mageres Fleisch, Fisch, Eier, fettarme Milchprodukte oder Proteinpulver.

3. Abends keine Kohlenhydrate!

Kohlenhydrate beziehe ich überwiegend aus guten Quellen wie Reis, Haferflocken, Vollkornnudeln, Vollkornbrot, Kartoffeln, Dinkel, Couscous, Milchprodukten, Obst oder Gemüse. Ich nehme Kohlenhydrate aber nur zu bestimmten Zeiten zu mir. Besonders morgens esse ich viele Kohlenhydrate, um meinem Körper die Energie zu geben, die er für einen anstrengenden Tag braucht. Daher enthält jedes meiner

Frühstücksrezepte einen angemessenen Anteil an Kohlenhydraten. Auch mittags und zu meinen Zwischenmahlzeiten konsumiere ich Kohlenhydrate, esse aber zum Beispiel als Snack auch hin und wieder gerne ein leckeres Low Carb Dessert. Ich mache das davon abhängig, wie aktiv ich gerade bin: Kohlenhydrate sind für mich in erster Linie Energielieferanten, die mir Kraft und Power für mein Training und die Bewältigung meines Alltags geben sollen und dementsprechend setze ich sie ein. Daher verzichte ich abends auch weitgehend auf diesen Makronährstoff und gestalte mein Abendessen so kohlenhydratarm wie möglich.

4. Gutes Fett macht nicht fett!

Fette liefern zwar doppelt so viele Kalorien wie Eiweiß oder Kohlenhydrate, sie übernehmen aber auch viele wichtige Funktionen im Körper. Sie sind unter anderem unentbehrlich für einen funktionierenden Stoffwechsel, die Hormonproduktion sowie die Absorption von fettlöslichen Vitaminen. Daher achte ich darauf, dass meine Ernährung eine ausreichende Menge an guten Fetten enthält. Dabei versuche ich vor allem, ein ausgewogenes Verhältnis aus einfach und mehrfach ungesättigten Fetten zu mir zu nehmen. Einfach ungesättigte Fettsäuren lassen sich in Olivenöl, Nüssen und Avocados finden. Mehrfach ungesättigte Fettsäuren kommen in erster Linie in Fisch, Leinsamen, Walnüssen und Kürbiskernen vor. Außerdem konsumiere ich gesättigte Fette in Maßen. Gesättigte Fettsäuren befinden sich überwiegend in Fleisch, Eiern, Kokosöl und Milchprodukten. Lediglich Transfette versuche ich, so gut es geht, zu meiden, da diesen Fettsäuren ausschließlich negative Auswirkungen auf die Gesundheit nachgewiesen wurden. Transfette kommen vor allem in Frittiertem, Fertiggerichten und Gebäck vor.

5. Schummeln erlaubt!

Selbstverständlich bin auch ich nur ein Mensch. Ein- bis zweimal in der Woche gönne ich mir eine Mahlzeit außerhalb meines Ernährungskonzepts, bei der ich einfach das esse, worauf ich gerade Lust habe. Das kann Schokolade sein, ein gutes italienisches Menü oder ein Hamburger mit Pommes und Ketchup. So eine Schummelmahlzeit kurbelt den Stoffwechsel an und ist vor allem auch sehr wichtig für die Psyche. Meiner Meinung nach ist es nämlich nur möglich, sich dauerhaft einen gesunden Lebensstil anzueignen, wenn man auch mal locker lassen und seinen Gelüsten freien Lauf lassen darf!

Ein paar Anmerkungen zu meinen Rezepten

Ich habe alle Rezepte in diesem Kochbuch während meiner Wettkampfvorbereitung mit viel Liebe selbst kreiert. Ich habe alle Gerichte wirklich gegessen und habe nur die Rezepte in mein Buch aufgenommen, die ich auch wirklich als lecker empfunden habe. Alle Bilder sind Momentaufnahmen und Schnappschüsse, die zu Hause an meinem eigenen Esstisch entstanden sind.
Damit meine Rezepte auch erfolgreich umgesetzt werden können, möchte ich an dieser Stelle noch einige Tipps für ein gutes Gelingen geben:

- Zum Verfeinern von Süßspeisen verwende ich gerne Proteinpulver. Ich nutze es zum einen zur Erhöhung des Eiweißanteils in den Gerichten und zum anderen als Geschmacksträger. Ich habe bewusst darauf geachtet, nur Vanille- oder Schoko-Proteinpulver zu benutzen, sodass diese beiden Sorten ausreichend sind, um alle Rezepte nachkochen zu können. Damit alle Gerichte einwandfrei gelingen, empfehle ich die Verwendung von Mehrkomponenten-Proteinpulver. Aber auch mit Whey- oder Casein-Protein funktionieren die meisten Rezepte ohne Probleme.

- Da ich auf raffinierten Zucker weitgehend verzichte, bereite ich meine Speisen mit dem Natursüßstoff Stevia zu. Ich habe hierbei die besten Erfahrungen mit Stevia-Tabs gemacht. Sie lassen sich gut dosieren und sind einfach zu handhaben: Ich zerdrücke sie einfach mit einem Löffel zu Pulver. Daher gebe ich bei der Stevia-Dosierung auch immer eine Richtmenge in Tabs an. Bei größeren Mengen ab 5 Tabs ergänze ich noch zusätzlich die Dosierung in Stevia-Granulat. Wer den Geschmack von Stevia nicht mag, kann selbstverständlich auch zu herkömmlichem Süßstoff greifen. Die Mengenangaben funktionieren hiermit genauso. Allerdings empfehle ich, immer erst weniger zu süßen, zu probieren und gegebenenfalls nachzusüßen, da die Süßkraft der verschiedenen Produkte doch sehr unterschiedlich ausfällt. Außerdem sind die Geschmäcker verschieden: Was für den einen schon viel zu süß ist, schmeckt für den anderen vielleicht noch nach gar nichts.

- Für Rezepte mit Eiern verwende ich oft nur das Eiklar, also das Eiweiß ohne den Eidotter. Das mache ich in erster Linie, um Fett zu sparen: Das gesamte in Eiern enthaltene Fett steckt nämlich im Eigelb.

- Alle Zutaten, mit denen ich koche, sind in gut sortierten Supermärkten erhältlich. Nur entöltes Mandelmehl wird von den meisten Geschäften nicht vertrieben. Es kann jedoch in Reformhäusern oder im Internet erworben werden. Entöltes Mandelmehl ist nicht zu verwechseln mit gemahlenen Mandeln: Es enthält durchschnittlich nur 12 g Fett pro 100 g, während in gemahlenen Mandeln fast die fünffache Menge steckt. Entöltes Mandelmehl ist mit einem Proteingehalt von 40% außerdem sehr eiweißreich und enthält kaum Kohlenhydrate. Es eignet sich sehr gut zur Zubereitung von kohlenhydratarmen Backwaren und Süßspeisen.

- Für viele Rezepte empfehle ich die Verwendung einer beschichteten Pfanne. In meinen Augen ist sie eines der wertvollsten Küchenutensilien für eine figurfreundliche Zubereitung von Gerichten. Sogar Fleisch kann in einer guten beschichteten Pfanne mit nur wenig oder sogar ganz ohne Öl durchgebraten werden und auch Pfannkuchen oder Omelettes gelingen ohne die Zugabe von Fett einwandfrei und ohne anzukleben. Für mehr Freude beim Kochen und zur Erleichterung des Küchenalltags kann ich daher jedem Leser die Anschaffung einer qualitativ hochwertigen beschichteten Pfanne nur ans Herz legen.

Hinweise zu den Nährwertangaben

Zu jedem Rezept gebe ich die genauen Nährwerte pro Portion an. Außerdem mache ich zu jedem Gericht zusätzliche Angaben wie kalorienarm, eiweißreich, kohlenhydratarm usw. Die Zusatzangaben sind wie folgt definiert:

- kalorienarm: unter 300 kcal pro Portion
- eiweißreich: mindestens 15 g Eiweiß pro Portion
- kohlenhydratarm: unter 10 g Kohlenhydrate pro Portion
- hochwertige Kohlenhydrate: mindestens 10 g Kohlenhydrate aus guten Quellen pro Portion
- fettarm: unter 10 g Fett pro Portion
- wertvolle Fette: mindestens 10 g gesunde Fettsäuren pro Portion
- ballaststoffreich: mindestens 5 g Ballaststoffe pro Portion

Außerdem gebe ich zu jedem Rezept einen Extra-Tipp mit wissenswerten und interessanten Informationen zum Thema Ernährung.

Ich wünsche euch viel Spaß beim Nachkochen meiner Kreationen!

Mirjam

Schoko-Porridge
mit Bananen und Kokosraspeln

Zutaten für 2 Portionen:

300 ml fettarme Milch
300 ml Wasser
100 g zarte Haferflocken
40 g Schoko-Proteinpulver
2 gehäufte TL Backkakao
1 Banane
Stevia (ca. 12 Tabs oder
2 TL Stevia-Granulat)
Salz
Kokosraspeln zum Bestreuen

Nährwerte pro Portion:

400 kcal, 28 g EW, 50 g KH, 7 g F
eiweißreich
hochwertige Kohlenhydrate
fettarm
ballaststoffreich

Zubereitung:

1 Haferflocken mit einer Prise Salz und Stevia in fettarme Milch und Wasser einrühren und kurz aufkochen lassen.

2 Hitze reduzieren und auf niedriger Temperatur unter ständigem Rühren weiterköcheln lassen, bis ein Brei entsteht. Proteinpulver und Backkakao unterrühren.

3 Banane mit einer Gabel und etwas Milch zerdrücken und unter den Brei rühren.

4 Fertiges Bananen Schoko Porridge mit ein paar Kokosraspeln bestreuen und servieren.

Tipp:

Haferflocken zum Frühstück sind der perfekte Start in den Morgen! Sie geben dem Körper die Energie, die er für einen anstrengenden Tag braucht und sorgen aufgrund ihres hohen Ballaststoffanteils für ein langes Sättigungsgefühl.

Frühstücks-Pancake
mit Himbeer-Blaubeer-Topping

Zutaten für 1 Portion:

70 g zarte Haferflocken
10 g Vanille-Proteinpulver
3 Eiklar
40 g Himbeeren (frisch oder TK)
40 g Blaubeeren (frisch oder TK)
Zimt
Stevia (ca. 7 Tabs oder
1 TL Stevia-Granulat)

Nährwerte pro Portion:

385 kcal, 28 g EW, 44 g KH, 5 g F
eiweißreich
hochwertige Kohlenhydrate
fettarm
ballaststoffreich

Zubereitung:

1 Haferflocken, Proteinpulver, Eiklar, Zimt und Stevia in eine Schüssel geben. Ein wenig Wasser hinzufügen und mit einer Gabel alle Zutaten zu einem dickflüssigen Teig verquirlen.

2 Eine beschichtete Pfanne auf mittlerer Stufe erhitzen, dabei nicht zu heiß werden lassen. Den Teig hineingeben und die frischen oder gefrorenen Früchte darauf verteilen.

3 Pancake bei geschlossenem Deckel ziehen lassen, bis der Boden knusprig und die Oberfläche noch leicht flüssig ist.

Tipp:

Sowohl Blaubeeren als auch Himbeeren weisen einen sehr hohen Anteil an Antioxidantien auf. Kombiniert man diese beiden Beeren miteinander, wird die antioxidative Wirkung sogar noch verstärkt. Antioxidantien schützen vor freien Radikalen und beugen Zellschäden und vorzeitiger Alterung vor.

Kokos-Vanille-Brei
mit Mangopüree

Zutaten für 2 Portionen:

Für den Kokos-Vanille-Brei:
300 ml Kokosmilch Light
200 ml Wasser
100 g Dinkelflocken Kleinblatt
50 g Vanille-Proteinpulver
30 g Kokosraspeln
Salz
Stevia (ca. 6 Tabs oder
1 TL Stevia-Granulat)

Für das Mangopüree:
100 g Mango
2 TL Limettensaft
Stevia

Nährwerte pro Portion:

470 kcal, 31 g EW, 42 g KH, 19 g F
eiweißreich
hochwertige Kohlenhydrate
wertvolle Fette
ballaststoffreich

Zubereitung:

1 Kokosmilch und Wasser mit einer Prise Salz kurz aufkochen. Dinkelflocken hinzugeben, Herdtemperatur auf mittlere Hitze reduzieren und die Flocken unter ständigem Rühren zu einem Brei eindicken lassen.

2 Proteinpulver und Kokosraspeln in den Brei einrühren und mit Stevia abschmecken. Bei Bedarf etwas Wasser nachgießen.

3 Für das Mangopüree Mango in kleine Stücke schneiden, in einem Kochtopf oder einer beschichteten Pfanne unter Rühren kurz erhitzen und wieder herausnehmen. Mit dem Limettensaft und einer Prise Stevia pürieren und über den Kokos-Vanille-Brei geben.

Tipp:

Dinkelflocken sind eine gute Alternative zu Haferflocken für alle, die beim Frühstück Fett sparen möchten. Haferflocken enthalten etwa 7 g Fett pro 100 g, während es bei Dinkelflocken nur 2 g sind. Außerdem hat Dinkel einen höheren Eiweißanteil. Wer den leicht nussigen Geschmack der Dinkelflocken nicht mag, kann sie bei diesem Rezept jedoch auch problemlos durch Haferflocken ersetzen.

Süßer Eierreis
mit Äpfeln, Rosinen und Walnüssen

Zutaten für 2 Portionen:

6 Eiklar
250 g gekochter Reis
(entspricht ca. 90 g rohem Reis;
Sorte nach Wahl)
20 g Vanille-Proteinpulver
80 ml fettarme Milch
1 Apfel
20 g Rosinen
30 g Walnüsse
1 TL Kokosöl
Zimt
Stevia (ca. 14 Tabs oder 2 TL Stevia-Granulat)

Nährwerte pro Portion:

460 kcal, 27 g EW, 52 g KH, 13 g F
eiweißreich
hochwertige Kohlenhydrate
wertvolle Fette

Zubereitung:

1 Reis nach Packungsanleitung zubereiten oder bereits vorgekochten Reis verwenden.

2 Eiklar, Reis, Milch und Vanille-Proteinpulver miteinander vermengen. Kräftig mit Zimt würzen und mit Stevia abschmecken.

3 Apfel in Würfel schneiden, Walnüsse hacken und zusammen mit den Rosinen unter die Reismischung heben. Kokosöl in einer beschichteten Pfanne erhitzen und die Reismischung bei mittlerer Hitze und geschlossenem Deckel solange backen, bis der Eierreis sich hebt.

4 Eierreis mit einem Löffel wie ein Rührei von außen nach innen schieben. Pfanne vom Herd nehmen und den Eierreis solange ziehen lassen, bis keine Flüssigkeit mehr vorhanden ist. Anschließend grob zerstückeln und mit etwas Zimt bestreut servieren.

Tipp:
Dieses Reisfrühstück ist ideal geeignet für alle, die aus unterschiedlichen Gründen auf glutenhaltige Getreideprodukte wie Hafer oder Dinkel verzichten wollen. Es liefert Energie für den Tag, sättigt lang anhaltend und überzeugt vor allem auch durch seinen köstlichen Geschmack.

Knusper-Quark
mit Orangen und Pistazien

Zutaten für 2 Portionen:

500 g Magerquark
1 Orange
30 g gehackte Pistazien
2 ungesalzene Reiswaffeln
2 EL Honig
Zimt
Stevia nach Bedarf

Nährwerte pro Portion:

335 kcal, 27 g EW, 32 g KH, 8 g F
eiweißreich
hochwertige Kohlenhydrate
fettarm

Zubereitung:

1 Orange halbieren und ca. 2 EL Saft herauspressen. Fruchtfleisch anschließend in kleine Stücke schneiden.

2 Magerquark mit Orangensaft, Honig und Zimt cremig rühren. Gegebenenfalls mit Stevia abschmecken.

3 Orangenstückchen und Pistazien unterrühren. Die Reiswaffeln in kleine Stücke brechen und unter die Quarkmasse heben. Ein paar gehackte Pistazien und Reiswaffelstücke aufheben und den Orangen-Pistazien-Quark damit garnieren.

Tipp:

Magerquark ist bei Sportlern sehr beliebt, da er besonders eiweißreich ist und dabei kaum Kohlenhydrate und Fett enthält. Außerdem ist er eine relativ günstige Proteinquelle, aus der sich viele schmackhafte Speisen zaubern lassen.

Quarkkuchen
mit Cranberries und Pekannüssen

Zutaten für 1 Kastenkuchen

(10 Stücke):
150 g zarte Haferflocken
500 g Magerquark
150 ml fettarme Milch
2 Eiklar
120 g Vanille-Proteinpulver
250 g zuckerfreies Apfelmus
100 g getrocknete Cranberries
50 g Pekannüsse
Stevia (ca. 14 Tabs oder
2 TL Stevia-Granulat)

Nährwerte pro Portion:

(1 Stück):
210 kcal, 20 g EW, 20 g KH, 5 g F
kalorienarm
eiweißreich
hochwertige Kohlenhydrate
fettarm

Zubereitung:

1 Haferflocken ca. 15 Minuten in der Milch einweichen. Backofen auf 180°C vorheizen (Ober- und Unterhitze).

2 Magerquark, Vanille-Proteinpulver, Apfelmus und Stevia miteinander verrühren. Pekannüsse in Stücke hacken und zusammen mit den Haferflocken und den Cranberries unter den Teig heben. Eiklar steif schlagen und vorsichtig unterheben.

3 Kuchenteig in eine Kastenform aus Silikon füllen und 45-50 Minuten backen. Am Ende der Backzeit mit einem Stäbchen prüfen, ob der Kuchen schon fertig ist.

4 Quarkkuchen vor dem Verzehr einige Stunden im Kühlschrank kalt stellen (am besten über Nacht).

Tipp:

Der Quarkkuchen ist in seiner Konsistenz sehr feucht. Wer einen etwas trockeneren Kuchen bevorzugt, verwendet 200 g Haferflocken, nur 100 ml Milch und verzichtet darauf, die Haferflocken einzuweichen. Die trockene Variante lässt sich auch gut als Proteinriegel für unterwegs umfunktionieren.

Cookies & Cream Porridge

Zutaten für 2 Portionen:

300 ml fettarme Milch
300 ml Wasser
100 g zarte Haferflocken
25 g Vanille-Proteinpulver
20 g Schoko-Proteinpulver
100 g Proteinriegel nach Wahl
(z.B. Schokoladen-Geschmack)
15 g Pekannüsse
Salz
Stevia (ca. 3 Tabs)

Nährwerte pro Portion:

540 kcal, 52 g EW, 48 g KH, 15 g F
eiweißreich
hochwertige Kohlenhydrate
wertvolle Fette
ballaststoffreich

Zubereitung:

1 Haferflocken mit einer Prise Salz in fettarme Milch und Wasser einrühren und kurz aufkochen lassen. Temperatur reduzieren und auf niedriger Hitze weiterköcheln lassen, bis ein Brei entstanden ist.

2 Vanille- und Schoko-Proteinpulver unter den Brei rühren. Mit Stevia nachsüßen. Proteinriegel in kleine Stücke schneiden und untermischen.

3 Pekannüsse in grobe Stücke hacken und über das fertige Porridge streuen.

Tipp:

Proteinriegel können als eiweißreiche Zwischenmahlzeit dienen, wenn keine Zeit oder Möglichkeit zum Kochen besteht. Allerdings sollte beim Kauf darauf geachtet werden, dass der Eiweißanteil hoch und der Zucker- und Fettanteil so gering wie möglich ist. Wird dies nicht beachtet, können sich die süßen Riegel als kleine Kalorienbomben entpuppen, die einem richtigen Schokoriegel in Sachen Nährwerten in nichts nachstehen.

Erdbeer-Papaya-Shake

Zutaten für 2 Portionen:

300 ml fettarme Milch
300 g Magerquark
200 g Erdbeeren
200 g Papaya
50 g Haferflocken
20 g Leinsamen
20 g Vanille-Proteinpulver
Saft einer halben Limette
Stevia (ca. 4 Tabs)

Nährwerte pro Portion:

380 kcal, 38 g EW, 35 g KH, 8 g F
eiweißreich
hochwertige Kohlenhydrate
fettarm
ballaststoffreich

Zubereitung:

1 Papayakerne entfernen und die Frucht mit einem Löffel aushöhlen. Erdbeeren halbieren.

2 Alle Zutaten in einen Mixer geben und gut durchmixen. Erdbeer-Papaya-Shake in zwei Gläser füllen und servieren.

Tipp:

Mit nur 13 kcal pro 100 g ist die Papaya das kalorienärmste Obst überhaupt. Außerdem enthält sie lediglich 2,5 g Kohlenhydrate, was sie sogar für extrem kohlenhydratarme Diäten interessant macht. Auch Erdbeeren sind mit durchschnittlich 30 kcal und 5,5 g Kohlenhydrate äußerst kalorienarm und diätfreundlich. Zudem enthalten beide Früchte viel Vitamin C, wodurch dieser Shake zu einem richtigen Immunsystem-Booster wird.

Reisauflauf
mit Äpfeln und Cashewkernen

Zutaten für 2 Portionen:

400 g Magerquark
200 g gekochter Reis
(entspricht ca. 75 g rohem Reis; Sorte nach Wahl)
2 Eiklar
1 grüner Apfel
30 g Cashewkerne
1 Fläschchen Vanille-Aroma
Stevia (ca. 16 Tabs oder 2 gehäufte TL Stevia-Granulat)

Nährwerte pro Portion:

400 kcal, 31 g EW, 48 g KH, 7 g F
eiweißreich
hochwertige Kohlenhydrate
fettarm

Zubereitung:

1 Reis nach Packungsanleitung zubereiten oder bereits vorgekochten Reis verwenden.

2 Backofen auf 180°C vorheizen (Ober- und Unterhitze).

3 Apfel in Würfel schneiden. Magerquark, Eiklar, Stevia und Vanille-Aroma miteinander vermengen. Reis, Apfelstücke und Cashewkerne unterheben und die Quarkmasse in eine feuerfeste Form geben.

4 Den Auflauf ca. 30 Minuten im Ofen backen.

Tipp:

Dieses Frühstück hält nicht nur gesund, sondern macht auch glücklich! Ganz nach dem Motto „An apple a day keeps the doctor away“ stärken Äpfel mit jeder Menge Vitaminen und Spurenelementen die körpereigene Abwehr. Cashewkerne beinhalten besonders viel Tryptophan, welches im Gehirn zum Stimmungsmacher Serotonin umgewandelt wird und somit die Laune hebt.

Himbeer-Hafer-Cupcakes

Zutaten für 6 Cupcakes:

Für den Teig:
60 g Haferflocken
125 g gefrorene Himbeeren
100 g Magerquark
2 Eiklar
20 g Vanille-Proteinpulver
1 TL Zimt
1 TL Olivenöl
5 EL Mineralwasser
Stevia (ca. 12 Tabs oder
2 TL Stevia-Granulat)

Für das Topping:
100 g Frischkäse (0,2% Fett)
10 g Vanille-Proteinpulver
Himbeerwasser (von den gefrorenen Himbeeren)
5 g Kokosraspeln
Stevia (ca. 2 Tabs)

Nährwerte pro Portion:

(3 Cupcakes):
280 kcal, 30 g EW, 25 g KH, 5 g F
kalorienarm
eiweißreich
hochwertige Kohlenhydrate
fettarm
ballaststoffreich

Zubereitung:

1. Himbeeren über Nacht im Kühlschrank auftauen lassen. Die Früchte werden für den Teig, das Himbeerwasser für das Topping verwendet.
2. Ofen auf 180°C vorheizen (Ober- und Unterhitze). Haferflocken in einem Mixer fein zerkleinern, mit dem Mineralwasser übergießen und ca. 5 Minuten einweichen.
3. Eiklar zusammen mit Stevia leicht schaumig rühren. Anschließend mit den eingeweichten Haferflocken, Magerquark, Vanille-Proteinpulver, Zimt, Olivenöl und Himbeeren zu einem Teig verrühren. Teig in Muffinförmchen aus Papier oder Silikon füllen und ca. 25 Minuten backen.
4. Für das Topping Frischkäse, Vanille-Proteinpulver, Himbeerwasser, Kokosraspeln und Stevia miteinander vermengen und in einen Gefrierbeutel füllen. Topping im Kühlschrank kaltstellen.
5. Cupcakes aus dem Ofen nehmen und abkühlen lassen. Topping aus dem Kühlschrank holen und eine kleine Ecke des Gefrierbeutels abschneiden. Cupcakes mit dem Topping nach Belieben dekorieren.

Tipp:

Um morgens Zeit zu sparen, können die Cupcakes auch schon am Vortag vorbereitet werden. Ohne das Topping können sie außerdem leicht transportiert und als leckerer Snack unterwegs verzehrt werden.

Spaghetti
mit zimtiger Bolognese

Zutaten für 2 Portionen:

125 g Vollkornspaghetti
200 g Rindertatar
300 g Tomatensoße aus dem Glas
2 Schalotten
1 EL Olivenöl
Zimt
Parmesan zum Bestreuen

Nährwerte pro Portion:

410 kcal, 31 g EW, 46 g KH, 8 g F
eiweißreich
hochwertige Kohlenhydrate
fettarm
ballaststoffreich

Zubereitung:

1 Spaghetti in kochendem Wasser mit einer Prise Salz ca. 8 Minuten bissfest garen.

2 Olivenöl in einer Pfanne erhitzen. Schalotten fein würfeln und in dem Öl andünsten. Tatar hinzugeben und krümelig braten. Tomatensoße unterrühren und kräftig mit Zimt abschmecken.

3 Bolognese über die Spaghetti geben, etwas Parmesan reiben und darüber streuen.

Tipp:

Tatar ist sehr mageres Rinderhackfleisch, das aus hochwertigem Muskelfleisch hergestellt wird. Normales Rinderhack enthält durchschnittlich 18 g Fett, während Tatar mit einem Fettgehalt von nur 3 g punkten kann.

Kichererbsenpfanne
mit Spinat und Tatar

Zutaten für 2 Portionen:

1 Dose Kichererbsen
200 g Rindertatar
250 g Blattspinat (TK)
1 kleine Zwiebel
1 Knoblauchzehe
2 EL Olivenöl
75 ml Wasser
1 TL Oregano
Salz und Pfeffer

Nährwerte pro Portion:

390 kcal, 32 g EW, 23 g KH, 13 g F
eiweißreich
hochwertige Kohlenhydrate
wertvolle Fette
ballaststoffreich

Zubereitung:

1 Zwiebel würfeln und Knoblauch in Scheiben schneiden. 1 EL Olivenöl in einem Topf erhitzen und Zwiebel und Knoblauch kurz darin anschwitzen. Den gefrorenen Spinat mit dem Wasser hinzugeben, salzen, pfeffern und ca. 8 Minuten bei mittlerer Hitze und geschlossenem Deckel köcheln lassen.

2 Tatar in einer beschichteten Pfanne im restlichen Öl krümelig braten. Mit Salz, Pfeffer und Oregano würzen. Kichererbsen hinzufügen und kurz erhitzen.

3 Spinat mit dem Tatar und den Kichererbsen vermengen.

4 Mit Salz und Pfeffer abschmecken.

Tipp:

Wie alle Hülsenfrüchte enthalten Kichererbsen viel pflanzliches Eiweiß und sind sehr ballaststoffreich. In verzehrüblichen Mengen weisen sie eine relativ geringe Kalorien- und Kohlenhydratdichte auf und sättigen trotzdem lang anhaltend. Vor allem in einer Diät sind sie somit eine gute Alternative zu kalorien- und kohlenhydratreicheren Sättigungsbeilagen wie Reis oder Nudeln.

Erdnusshähnchen
mit Couscous

Zutaten für 2 Portionen:

2 Hähnchenbrustfilets
300 g gehackte Tomaten
1 großer TL Tomatenmark
2 Schalotten
2 Knoblauchzehen
2 EL Erdnussmus ohne Stückchen
100 g Couscous
200 ml Gemüsebrühe
1 EL Erdnussöl
Salz und etwas Stevia

Nährwerte pro Portion:

485 kcal, 41 g EW, 42 g KH, 14 g F
eiweißreich
hochwertige Kohlenhydrate
wertvolle Fette
ballaststoffreich

Zubereitung:

1 Hähnchenbrustfilets waschen, trocken tupfen und in Stücke schneiden. Öl in einem Topf erhitzen, die Hähnchenstücke von allen Seiten anbraten, herausnehmen und zur Seite stellen.

2 Schalotten und Knoblauch in kleine Würfel schneiden und im selben Topf bei mittlerer Temperatur anschwitzen. Gehackte Tomaten und Tomatenmark dazugeben und 2-3 Minuten einkochen lassen.

3 Hitze reduzieren und Hähnchenstücke und Erdnussmus unterrühren. Mit 100 ml Gemüsebrühe aufgießen. Mit Salz und Stevia abschmecken, gut umrühren und mit geschlossenem Deckel 10-15 Minuten bei niedriger Temperatur weiterköcheln lassen.

4 Couscous mit 100 ml kochender Gemüsebrühe übergießen und 5 Minuten quellen lassen. Die Menge der benötigten Gemüsebrühe und die Quellzeit kann je nach Sorte variieren (hier die Packungsanleitung beachten). Nach der Quellzeit den Couscous mit einer Gabel auflockern. Zusammen mit dem Tomaten-Erdnuss-Hähnchen servieren.

Tipp:

Erdnussmus ist in vielen Drogeriemärkten, Reformhäusern oder Bio-Supermärkten erhältlich. Im Gegensatz zu Erdnussbutter enthält es keine zugesetzten Fette, Öle oder Zucker, sondern besteht zu 100% aus Erdnüssen. Neben Erdnüssen werden auch andere Nusssorten, wie Haselnüsse oder Mandeln, zu Mus verarbeitet.

Putencurry
mit Karotten und Zucchini

Zutaten für 2 Portionen:

220 g Putenbrustfilet
100 g Reis (Sorte nach Wahl)
1 mittelgroße Karotte
1 kleine Zucchini
150 ml Gemüsebrühe
1 EL Olivenöl
Currypulver
Salz und Pfeffer

Nährwerte pro Portion:

339 kcal, 28 g EW, 40 g KH, 5 g F
eiweißreich
hochwertige Kohlenhydrate
fettarm
ballaststoffreich

Zubereitung:

1 Reis nach Packungsanleitung zubereiten.

2 Putenbrustfilet waschen, trocken tupfen und in Würfel schneiden.

3 Olivenöl in einer Pfanne erhitzen und die Putenwürfel von allen Seiten darin anbraten. Pute salzen und pfeffern, aus der Pfanne nehmen und zur Seite stellen.

4 Karotte in Scheiben schneiden und in derselben Pfanne anbraten. Zucchini würfeln und nach ca. 1 Minute zu den Karottenscheiben geben. Gemüse bissfest braten und mit der Gemüsebrühe ablöschen.

5 Putenwürfel und Reis untermischen und kräftig mit Currypulver, Salz und Pfeffer würzen.

Tipp:

Dieses Gericht schmeckt auch aufgewärmt hervorragend und eignet sich perfekt zum Vorkochen für den nächsten Tag. Wer vorbereitet ist, ist nicht auf das meist ungesunde Essen in Kantine oder Mensa angewiesen und spart neben unötigen Kalorien auch eine Menge Geld.

Thunfisch-Reis-Pfanne
All' Arabiata

Zutaten für 2 Portionen:

2 Dosen Thunfisch
100 g Reis (Sorte nach Wahl)
400 g Tomatensoße aus dem Glas
1 TL Tomatenmark
1 kleine Zwiebel
2 Knoblauchzehen
1 rote Chilischote
2 EL Olivenöl
frische Petersilie
Cayennepfeffer
Salz und Pfeffer

Nährwerte pro Portion:

430 kcal, 36 g EW, 46 g KH, 9 g F
eiweißreich
hochwertige Kohlenhydrate
fettarm
ballaststoffreich

Zubereitung:

1 Reis nach Packungsanleitung zubereiten.

2 Chilischote halbieren, entkernen und in Streifen schneiden. Zwiebel und Knoblauchzehen würfeln. Olivenöl in einer Pfanne erhitzen und Chili, Zwiebel und Knoblauch darin andünsten.

3 Thunfisch abtropfen lassen, in die Pfanne geben und kurz mitbraten. Tomatensoße und Tomatenmark hinzugeben und kräftig mit Cayennepfeffer würzen. Zum Schluss den Reis unterheben. Mit Salz und Pfeffer abschmecken.

4 Petersilie fein hacken und über die fertige Thunfisch-Reis-Pfanne streuen.

Tipp:

Bei Thunfisch aus der Konserve empfiehlt es sich, zu Thunfisch in eigenem Saft zu greifen. Der ist nämlich eine reine Eiweißbombe, die keine Kohlenhydrate und kaum Fett enthält. Dagegen schlägt in Öl eingelegter Thunfisch mit bis zu 15 g Fett pro 100 g ordentlich zu Buche.

Avocado-Burger
mit Rosmarinkartoffeln

Zutaten für 2 Portionen:

Für den Avocado-Burger:
200 g Rindertatar
1 Eigelb
1 rote Zwiebel
2 Toastbrötchen aus Roggenvollkorn
2 Scheiben fettarmer Schmelzkäse
60 g Avocado
2 Salatblätter
1 kleine Tomate
Saft einer halben Limette
Light Ketchup und mittelscharfer Senf
1 EL Olivenöl
Salz und Pfeffer

Für die Rosmarinkartoffeln:
300 g Bio-Drillinge (sehr kleine Kartoffeln)
4 Zweige Rosmarin
1 EL Olivenöl
grobkörniges Meersalz

Nährwerte pro Portion:

635 kcal, 33 g EW, 58 g KH, 25 g F
eiweißreich
hochwertige Kohlenhydrate
wertvolle Fette
ballaststoffreich

Zubereitung:

1. Backofen auf 180°C vorheizen (Ober- und Unterhitze).
2. Drillinge waschen und halbieren. Rosmarin in grobe Stücke hacken. Ein Backblech mit 1 EL Olivenöl bepinseln, Rosmarin und Meersalz darüber streuen und Drillinge mit der Schnittseite nach unten darauf verteilen. 20-25 Minuten backen.
3. Zwiebel in kleine Würfel schneiden. Die Hälfte der Zwiebelwürfel mit Tatar, Eigelb, einem TL Light Ketchup, einem halben TL Senf, Salz und Pfeffer vermengen und mit den Händen zu zwei Frikadellen formen. In einer beschichteten Pfanne bei größtmöglicher Hitze in 1 EL Olivenöl von beiden Seiten durchbraten.
4. Avocado zusammen mit dem Limettensaft zu einem Brei zerdrücken. Restliche Zwiebelwürfel unterrühren, salzen und pfeffern.
5. Toastbrötchen mit der Schnittseite nach unten in den Backofen legen und ca. 1 Minute erwärmen. Die gebratenen Frikadellen mit je einer Scheibe Schmelzkäse belegen und im Ofen solange backen, bis der Käse zerläuft.
6. Tomate in Scheiben schneiden. Die untere Seite der Toastbrötchen mit etwas Light Ketchup bestreichen, je ein Salatblatt darauf legen, diese wiederum mit der Avocadocreme bestreichen und die Tomatenscheiben, die fertig überbackenen Frikadellen und die Oberseite der Toastbrötchen darauf legen. Zusammen mit den Rosmarinkartoffeln anrichten.

Tipp:

Dieser gesunde Avocado-Burger mit Rosmarinkartoffeln enthält im Vergleich zu einem durchschnittlichen Burger mit Pommes Frites gerade einmal zwei Drittel der Kalorien. Außerdem entfallen die vielen ungesunden Transfette. Sie werden stattdessen durch viele gute Fettsäuren aus der Avocado ersetzt.

Hähnchenspieße
mit scharfer Kokossoße und Basmati

Zutaten für 2 Portionen:

Für die Hähnchenspieße:
200 g Hähnchenbrustfilet
1 halbe rote Paprika
1 Knoblauchzehe
1 halbe Chilischote
1 TL Limettensaft
grobkörniges Meersalz und Pfeffer

Für die Kokossoße und den Reis:
100 g Basmati-Reis
200 ml Kokosmilch Light
1 Schalotte
1 Knoblauchzehe
1 EL Kokosöl
Chiliflocken
Salz

Nährwerte pro Portion:

410 kcal, 29 g EW, 44 g KH, 11 g F
eiweißreich
hochwertige Kohlenhydrate
wertvolle Fette

Zubereitung:

1. Hähnchenbrustfilet waschen, trocken tupfen und in Würfel schneiden. Für die Marinade Knoblauchzehe und Chilischote fein hacken und mit dem Limettensaft, etwas Meersalz und Pfeffer in einem Mörser zermalmen. Hähnchenwürfel zusammen mit der Marinade in einen Gefrierbeutel geben und gut durchmischen. Marinade mindestens 2 Stunden im Kühlschrank einziehen lassen.
2. Basmati-Reis nach Packungsanleitung zubereiten.
3. Paprika in Würfel schneiden und abwechselnd mit den marinierten Hähnchenwürfeln auf Holzspieße stecken. Knoblauchzehe und Schalotte fein hacken und in einer beschichteten Pfanne in dem Öl anschwitzen. Hähnchenspieße dazugeben und von allen Seiten kurz anbraten. Mit der Kokosmilch ablöschen und 10 Minuten bei niedriger Hitze und geschlossenem Deckel garen. Spieße nach ca. 5 Minuten Garzeit wenden.
4. Hähnchenspieße und Kokossoße mit Salz und Chiliflocken abschmecken und zusammen mit dem Basmati-Reis servieren.

Tipp:

Marinaden eignen sich nicht nur zum Grillen, sondern sind auch eine einfache und schnelle Lösung, um Fleisch mehr Geschmack zu verleihen und so etwas Abwechslung in die tägliche Ernährung zu bringen. Je länger die Marinade einziehen kann, desto besser können sich die Aromen entfalten und umso intensiver ist hinterher der Geschmack des Fleisches.

Vollkornpasta
mit mediterraner Thunfischsoße

Zutaten für 2 Portionen:

125 g Vollkornpasta
200 g Thunfisch aus der Dose (Abtropfgewicht)
300 g Tomatensoße aus dem Glas
100 g Zucchini
2 Knoblauchzehen
1 EL Olivenöl
frisches Basilikum
Kräuter der Provence
Oregano
Salz

Nährwerte pro Portion:

390 kcal, 34 g EW, 48 g KH, 5 g F
eiweißreich
hochwertige Kohlenhydrate
fettarm
ballaststoffreich

Zubereitung:

1 Vollkornpasta in kochendem Wasser mit einer Prise Salz ca. 8 Minuten bissfest garen.

2 Thunfisch gut abtropfen lassen und in dem Olivenöl in einer beschichteten Pfanne auf mittlerer Hitze anbraten.

3 Knoblauch in kleine Stücke hacken, Zucchini in Würfel schneiden, zum Thunfisch geben und ca. 2-3 Minuten mitbraten.

4 Tomatensoße in die Pfanne geben und kräftig mit Kräutern der Provence und Oregano würzen. Frischen Basilikum in grobe Stücke reißen, zur Soße geben und alles gut durchmischen. Mit Salz abschmecken.

5 Abgetropfte Vollkornpasta mit der Thunfischsoße vermischen und mit ein paar Blättern Basilikum garniert servieren.

Tipp:

Beim Kauf der Tomatensoße sollte darauf geachtet werden, dass kein Zucker zugesetzt wurde. Außerdem ist die Wahl einer Soße mit einem möglichst niedrigen Fettgehalt zu empfehlen. Wird all dies berücksichtigt, hält man ein hochwertiges Produkt in den Händen, welches als Basis für viele verschiedene Gerichte verwendet werden kann.

Ofenhähnchen
mit Thymiankartoffeln, Auberginen und Knoblauch-Dip

Zutaten für 2 Portionen:

Für das Ofen-Hähnchen:
2 Hähnchenbrustfilets
150 g Tomatensoße aus dem Glas
2 TL Kapern
Oregano
Basilikum
Salz und Pfeffer

Für die Thymiankartoffeln und die Auberginen:
300 g Kartoffeln
1 Aubergine
2 EL Olivenöl
Thymian
Grobkörniges Meersalz und Pfeffer

Für den Knoblauch-Dip:
50 g Frischkäse (0,2% Fett)
1 Knoblauchzehe
Salz und Pfeffer

Nährwerte pro Portion:

370 kcal, 36 g EW, 30 g KH, 8 g F
eiweißreich
hochwertige Kohlenhydrate
fettarm
ballaststoffreich

Zubereitung:

1 Backofen auf 180°C vorheizen (Ober- und Unterhitze).

2 Hähnchenbrustfilets waschen und trocken tupfen. Aus Alufolie zwei Quadrate schneiden und die Filets darauf legen. Filets salzen, pfeffern, mit der Tomatensoße bestreichen, mit Oregano und Basilikum würzen und mit den Kapern bestreuen. Die Alufolienquadrate zu luftdichten Päckchen falten und das Hähnchen für 30 Minuten in den Ofen geben.

3 Kartoffeln und Aubergine in Spalten schneiden, mit Olivenöl bestreichen und mit Thymian, Meersalz und Pfeffer bestreuen. Kartoffelspalten für 20-25 Minuten im Ofen backen. Die Backzeit variiert je nach Dicke der Kartoffelspalten. Auberginenspalten ca. 7 Minuten vor Ende der Backzeit zum Hähnchen und den Kartoffeln in den Ofen geben.

4 Für den Knoblauch-Dip die Knoblauchzehe auspressen und mit dem Frischkäse vermengen. Mit Salz und Pfeffer abschmecken.

Tipp:

Backofengerichte wie dieses Ofen-Hähnchen kochen sich fast von alleine und sind somit ideal für alle, die nur wenig Zeit zum Kochen haben. Außerdem werden weder Pfannen noch Töpfe benötigt, wodurch auch der lästige Abwasch entfällt.

Gefüllte Dinkeltortilla
mit feurigem Chili-Salat

Zutaten für 2 Portionen:

Für die Dinkeltortillas:
60 g Dinkelvollkornmehl
2 Volleier
1 EL Olivenöl
2 EL Mineralwasser
Salz und Pfeffer

Für die Füllung und den Salat:
150 g Hähnchenbrustfilet
1 EL Olivenöl
1 rote Paprika
75 g Kidneybohnen
1 halbe rote Zwiebel
2 Handvoll Feldsalat
75 g Frischkäse (0,2% Fett)
1 TL Sambal Oelek
Salz und Pfeffer

Für das Chili-Dressing:
2 EL Olivenöl
2 EL Limettensaft
1 halbe rote Chilischote
Salz
Stevia

Nährwerte pro Portion:

475 kcal, 32 g EW, 29 g KH, 21 g F
eiweißreich
hochwertige Kohlenhydrate
wertvolle Fette
ballaststoffreich

Zubereitung:

1 Zwiebel und Paprika fein würfeln. Die Hälfte der Zwiebel- und Paprikawürfel mit dem Feldsalat vermengen. Chilischote fein hacken und mit jeweils 2 EL Olivenöl und Limettensaft ein Dressing anrühren. Dressing mit Salz und Stevia abschmecken und über den Salat geben.

2 1 EL Olivenöl in einer Pfanne erhitzen und die andere Hälfte der Zwiebelwürfel darin anschwitzen. Hähnchenbrustfilet in Streifen schneiden und zusammen mit den Zwiebeln von allen Seiten anbraten. Mit Salz und Pfeffer würzen. Nach ca. 5 Minuten die restlichen Paprikawürfel und die Kidneybohnen hinzugeben und weitere 2-3 Minuten braten. Das Fleisch und das Gemüse warm stellen.

3 Dinkelvollkornmehl, Eier und Mineralwasser mit einer Prise Salz und Pfeffer gut miteinander verquirlen. Einen halben EL Olivenöl in einer beschichteten Pfanne erhitzen und bei mittlerer Hitze mit der Hälfte des Teiges einen Fladen backen. Mit der anderen Hälfte des Teiges ebenso verfahren.

4 Aus Frischkäse, Sambal Oelek, ein wenig Salz und Pfeffer eine Creme anrühren. Die gebratenen Hähnchenstreifen und das Gemüse zusammen mit der Creme auf die Dinkeltortillas geben und zuklappen. Zusammen mit dem Chili-Salat anrichten und servieren.

Tipp:

Scharfe Gerichte heizen dem Stoffwechsel ordentlich ein! Durch Thermogenese erhöht sich die Körpertemperatur, der Energieverbrauch wird gesteigert und die Fettverbrennung so richtig angekurbelt.

Garnelenspieße
mit Kichererbsen-Mandel-Dip

Zutaten für 2 Portionen:

Für die Garnelenspieße:
250 g Garnelen (TK)
1 EL Olivenöl

Für den Kichererbsen-Mandel-Dip:
100 g Kichererbsen aus der Dose
150 g Tomaten
30 g Mandeln
1 Knoblauchzehe
1 halbe Chilischote
1 TL Meersalz
Stevia (ca. 2 Tabs)

Nährwerte pro Portion:

240 kcal, 21 g EW, 8 g KH, 13 g F
kalorienarm
eiweißreich
kohlenhydratarm
wertvolle Fette
ballaststoffreich

Zubereitung:

1 Garnelen mit kaltem Wasser abwaschen, in einem Sieb auftauen lassen und trocken tupfen.

2 Olivenöl in einer beschichteten Pfanne erhitzen. Garnelen auf Holzspieße stecken und in dem Öl von beiden Seiten jeweils ca. 1 Minute rosa braten.

3 Für den Dip Kichererbsen abtropfen lassen. Tomaten, Knoblauchzehe und Chilischote grob zerkleinern. Alle Zutaten für den Dip miteinander pürieren. Dip zusammen mit den Garnelenspießen anrichten.

Tipp:

Dieser Kichererbsen-Mandel-Dip ist ein echtes Allround-Talent! Er harmoniert nicht nur mit Meeresfrüchten, sondern schmeckt auch hervorragend zu Fleisch und Gemüsesticks oder als Brotaufstrich.

Kürbiskernomelette
mit getrockneten Tomaten und Basilikum

Zutaten für 1 Portion:

2 Volleier
2 Eiklar
1 TL Milch
10 g Kürbiskerne
15 g getrocknete Tomaten
10 g geriebener fettarmer Käse
1 TL Olivenöl
frisches Basilikum
Salz und Pfeffer

Nährwerte pro Portion:

330 kcal, 30 g EW, 2 g KH, 22 g F
kalorienarm
eiweißreich
kohlenhydratarm
wertvolle Fette

Zubereitung:

1 Eier mit der Milch und einer Prise Salz und Pfeffer verquirlen. Olivenöl in einer beschichteten Pfanne erhitzen, Eiermischung hinzugeben, die Kürbiskerne darüber streuen und bei mittlerer Temperatur ca. 1 Minute anbraten.

2 Getrocknete Tomaten in Stücke schneiden und zusammen mit dem Basilikum über die Eiermischung geben. Mit dem geriebenen Käse bestreuen, Hitze reduzieren und das Omelette unter geschlossenem Deckel stocken lassen. Mit ein paar Basilikumblättern garnieren und genießen.

Tipp:

Das Eigelb ist der nährstoffreichste Teil vom Ei. In ihm sind die meisten Vitamine und Mineralstoffe enthalten. Zwar hat ein Eigelb mit durchschnittlich 6 g auch einen relativ hohen Fettgehalt, jedoch sind die meisten der enthaltenen Fette sehr gesund. Deshalb sollten auch regelmäßig ganze Eier verzehrt werden.

Lachs
in Kokos-Tomatensoße

Zutaten für 2 Portionen:

2 Lachsfilets
4 Tomaten
6 Lauchzwiebeln
2 Knoblauchzehen
300 ml Kokosmilch Light
1 TL Sambal Oelek
1 EL Olivenöl
Saft einer halben Zitrone
frischer Koriander
Kurkuma
Salz und Pfeffer

Nährwerte pro Portion:

410 kcal, 28 g EW, 7 g KH, 26 g F
eiweißreich
kohlenhydratarm
wertvolle Fette

Zubereitung:

1 Tomaten kreuzweise einritzen und kurz in kochendes Wasser legen. Herausnehmen, abschrecken, Haut entfernen und in Würfel schneiden.

2 Lachsfilets waschen, trocken tupfen und mit Zitronensaft beträufeln. Öl in einer Pfanne erhitzen und die Filets von beiden Seiten anbraten. Herausnehmen und zur Seite stellen.

3 Lauchzwiebeln in Ringe und Knoblauch in feine Würfel schneiden. Erst die Lauchzwiebeln in derselben Pfanne wie den Lachs anbraten. Nach ca. 3 Minuten den Knoblauch hinzugeben und glasig braten. Mit der Kokosmılch ablöschen, Hitze reduzieren und bei niedriger Temperatur einköcheln lassen. Lachs und Tomatenwürfel in die Soße geben und noch ein paar Minuten weiterköcheln lassen.

4 Koriander fein hacken. Soße mit Sambal Oelek, Koriander, Kurkuma, Salz und Pfeffer abschmecken.

Tipp:

Lachs hat im Vergleich zu anderen Fischsorten zwar einen relativ hohen Fettgehalt, allerdings sind diese Fette für den Körper lebensnotwendig. Lachs enthält viele Omega-3-Fettsäuren, die für den Körper essentiell sind: Er kann sie nicht selber herstellen. Daher sollte Lachs auch in regelmäßigen Abständen auf der Speisekarte stehen.

Thunfischfrikadellen
an Brokkoli-Walnuss-Püree

Zutaten für 2 Portionen:

Für die Thunfischfrikadellen:
2 Dosen Thunfisch
1 Vollei
1 Eiklar
60 g Magerquark
20 g zarte Haferflocken
10 g Weizenkleie
1 kleine Zwiebel
1 halbe rote Paprika
1 EL Olivenöl
Salz und Pfeffer

Für das Brokkoli-Walnuss-Püree:
300 g Brokkoli
40 g körniger Frischkäse (Hüttenkäse)
30 ml Gemüsebrühe
20 g Walnüsse
Muskatnuss
Salz und Pfeffer

Nährwerte pro Portion:

440 kcal, 53 g EW, 9 g KH, 14 g F
eiweißreich
kohlenhydratarm
wertvolle Fette
ballaststoffreich

Zubereitung:

1. Thunfisch sehr gut abtropfen lassen. Zwiebel und Paprika fein würfeln. Thunfisch, Eier, Magerquark, Haferflocken, Weizenkleie, Zwiebel- und Paprikawürfel miteinander vermengen. Kräftig mit Salz und Pfeffer abschmecken und 4 Frikadellen daraus formen. Olivenöl in einer beschichteten Pfanne erhitzen und Thunfischfrikadellen darin von beiden Seiten gut durchbraten.
2. Brokkoli in etwas Salzwasser bissfest garen. Abtropfen lassen und zusammen mit dem körnigen Frischkäse und der Gemüsebrühe pürieren. Mit Muskatnuss, Salz und Pfeffer abschmecken.
3. Walnüsse in grobe Stücke hacken und in einer beschichteten Pfanne ohne Fett kurz anrösten. Walnussstücke unter das Brokkoli-Püree heben und zusammen mit den Thunfischfrikadellen anrichten.

Tipp:

Die Thunfischfrikadellen schmecken auch kalt hervorragend und eignen sich gut zum Vorbereiten. Besonders gut sind sie außerdem, wenn sie zusammen mit ein wenig Senf gegessen werden.

Low Carb Pizza
mit Mozzarella, Parmaschinken und Rucola

Zutaten für 2 Portionen:

Für den Pizzaboden:
150 g entöltes Mandelmehl
100 ml lauwarmes Wasser
2 Volleier
1 TL Olivenöl
1 TL Backpulver
etwas Salz

Für den Belag:
100 g Mozzarella Light
150 g Pizzatomaten
10 hauchdünne Scheiben Parmaschinken
1 Handvoll Kirschtomaten
1 Handvoll Rucola
1 EL Balsamico-Essig
1 TL Olivenöl
Salz und Pfeffer

Nährwerte pro Portion:

480 kcal, 55 g EW, 6 g KH, 24 g F
eiweißreich
kohlenhydratarm
wertvolle Fette

Zubereitung:

1. Backofen auf 180°C vorheizen (Ober- und Unterhitze).
2. Alle Zutaten für den Pizzaboden zu einem Teig vermengen, gut durchkneten und daraus 2 Kugeln formen. Auf einem mit Backpapier ausgelegten Blech den Teig mit den Fingern dünn und gleichmäßig platt drücken. Pizzaböden 15 Minuten vorbacken.
3. Pizzatomaten auf den vorgebackenen Pizzaböden verteilen. Mit Salz bestreuen. Mozzarella in Scheiben schneiden und auf die Pizzen legen. Für weitere 15 Minuten im Ofen backen.
4. Kirschtomaten halbieren und mit Rucola, Balsamico-Essig, Olivenöl, Salz und Pfeffer in einer Schüssel vermischen. Pizzen aus dem Ofen nehmen, mit dem Parmaschinken belegen und die Rucola-Tomaten-Mischung darauf verteilen.

Tipp:

Im Vergleich zu einer normalen Pizza hat diese leckere Low Carb Pizza gerade einmal halb so viele Kalorien. Dafür enthält sie umso mehr Eiweiß und überzeugt vor allem auch geschmacklich auf ganzer Linie!

Rührei
mit Pfifferlingen, Schinkenwürfeln und Pinienkernen

Zutaten für 2 Portionen:

300 g frische Pfifferlinge
3 Volleier
3 Eiklar
1 Schalotte
50 g magere geräucherte Schinkenwürfel
10 g Pinienkerne
1 EL Olivenöl
frische Petersilie
Salz und Pfeffer

Nährwerte pro Portion:

300 kcal, 25 g EW, 4 g KH, 17 g F
eiweißreich
kohlenhydratarm
wertvolle Fette
ballaststoffreich

Zubereitung:

1 Pfifferlinge putzen und in mundgerechte Stücke zerteilen. Schalotte in Würfel schneiden.

2 Olivenöl in einer Pfanne bei mittlerer Temperatur erhitzen. Pfifferlinge und Schalottenwürfel in dem Öl anbraten.

3 Eier mit einem Schuss Mineralwasser verquirlen und in die Pfanne gießen, sobald Wasser aus den Pilzen austritt. Hitze um etwa die Hälfte reduzieren und Schinkenwürfel und Petersilie über die Eiermischung streuen. Mit Salz und Pfeffer kräftig würzen.

4 Sobald das Rührei zu stocken beginnt, mit einem Pfannenwender vorsichtig vom Rand zur Mitte schieben. Es ist fertig, wenn keine Flüssigkeit mehr vorhanden ist.

5 Pinienkerne in einer beschichteten Pfanne kurz ohne Öl anrösten und über das fertige Rührei streuen.

Tipp:

Pilze schmecken nicht nur köstlich, sondern sind auch extrem kalorienarm! Die im Rezept verwendeten Pfifferlinge enthalten beispielsweise nur 11 kcal pro 100 g. Pilze sind außerdem sehr ballast- und nährstoffreich und fördern eine gesunde Verdauung.

Rindfleischpfanne
mit Paprika und Cashewkernen

Zutaten für 2 Portionen:

350 g Rinderfilet oder Hüftsteak
1 rote Paprika
1 gelbe Paprika
1 Zwiebel
30 g Cashewkerne
1 EL Olivenöl
4 EL Sojasoße

Nährwerte pro Portion:

390 kcal, 43 g EW, 9 g KH, 17 g F
eiweißreich
kohlenhydratarm
wertvolle Fette

Zubereitung:

1 Rindfleisch, Zwiebel und Paprika in Streifen schneiden.

2 Öl in einer Pfanne erhitzen. Zwiebel darin kurz anschwitzen, dann die Rinderstreifen hinzufügen und von allen Seiten anbraten. Paprika hinzugeben und ca. 2-3 Minuten mitbraten.

3 Cashewkerne und Sojasoße in die Pfanne geben. Unter ständigem Rühren so lange weiterbraten, bis die Sojasoße gut in alle Zutaten eingezogen ist.

Tipp:

Mageres Rindfleisch darf durchaus zwei- bis dreimal in der Woche auf dem Speiseplan stehen. Es enthält neben einer ordentlichen Portion Eiweiß besonders viel Eisen, L-Carnitine, Linolsäure und Kreatin. Rinderprotein kann vom Körper ausgesprochen gut verwertet und in Muskelmasse umgewandelt werden.

Leinsamenomelette
mit Feta, Spinat und Kirschtomaten

Zutaten für 1 Portion:

2 Volleier
100 g Blattspinat (TK)
50 g Feta Light
3 Kirschtomaten
10 g Leinsamen
25 ml fettarme Milch
Muskatnuss
Salz und Pfeffer

Nährwerte pro Portion:

360 kcal, 33 g EW, 2 g KH, 21 g F
eiweißreich
kohlenhydratarm
wertvolle Fette
ballaststoffreich

Zubereitung:

1 Spinat in einem Topf mit ein wenig Wasser bei mittlerer Hitze und geschlossenem Deckel sanft auftauen. Das Wasser aus dem Spinat drücken und mit Salz, Pfeffer und Muskatnuss würzen.

2 Eier und Milch miteinander verquirlen. Mit Salz und Pfeffer abschmecken. Leinsamen durch Schwenken in einer beschichteten Pfanne verteilen, die Eiermischung darüber gießen und bei mittlerer Hitze anbraten.

3 Feta würfeln, Kirschtomaten vierteln. Zusammen mit dem Spinat auf eine Seite des Omelettes legen, salzen und pfeffern. Omelette zuklappen und bei niedriger Temperatur und geschlossenem Deckel stocken lassen.

Tipp:

Leinsamen und Leinöl sind eine ausgezeichnete pflanzliche Quelle für Omega-3-Fettsäuren. Besonders Sportler haben einen erhöhten Bedarf an Omega-3-Fetten, welche sich unter anderem positiv auf Gehirn- und Sehleistung, Herz, Kreislaufsystem, Blutfettwerte und Blutdruck auswirken.

Wildlachs
an Tomaten-Zwiebel-Gemüse

Zutaten für 2 Portionen:

2 Wildlachsfilets
4 Tomaten
1 rote Zwiebel
Saft einer halben Zitrone
1 EL Olivenöl
gehackte Petersilie
Salz und Pfeffer

Nährwerte pro Portion:

210 kcal, 28 g EW, 4 g KH, 7 g F
kalorienarm
eiweißreich
kohlenhydratarm
fettarm

Zubereitung:

1 Wildlachsfilets unter lauwarmem Wasser waschen und trocken tupfen. Mit Zitronensaft beträufeln, salzen und pfeffern. Olivenöl in einer Pfanne heiß werden lassen und die Wildlachsfilets von beiden Seiten darin anbraten.

2 Tomaten und Zwiebel würfeln und zu dem Wildlachs in die Pfanne geben, sobald er gewendet wird. Zusammen mit dem Fisch zu Ende braten. Lachs und Gemüse kräftig mit Petersilie würzen und servieren.

Tipp:

Wildlachs hat ein etwas festeres Fleisch als Zuchtlachs und beinhaltet mit 2 g Fett pro 100 g wesentlich weniger Fett. Zuchtlachs enthält im Vergleich dazu durchschnittlich 12 g Fett pro 100 g. Somit ist Wildlachs auch eine hervorragende Proteinquelle für sehr fettreduzierte Ernährungsphasen.

Zander im Serranomantel
mit Koriander und grünem Spargel

Zutaten für 2 Portionen:

Für die Zanderfilets und die Koriandercreme:
2 Zanderfilets
4 Scheiben Serranoschinken
2 EL Frischkäse (0,2% Fett)
4 Stängel frischer Koriander
1 EL Olivenöl
1 EL Zitronensaft
Salz und Pfeffer

Für den Spargel:
200 g grüner Spargel
1 EL Olivenöl
1 EL Zitronensaft
weißer Balsamico-Essig
grobkörniges Meersalz und Pfeffer

Nährwerte pro Portion:

255 kcal, 30 g EW, 3 g KH, 13 g F
kalorienarm
eiweißreich
kohlenhydratarm
wertvolle Fette

Zubereitung:

1. Backofen auf 200°C vorheizen (Ober- und Unterhitze).
2. Spargel waschen, die holzigen Enden abschneiden und auf ein mit Backpapier ausgelegtes Blech legen. Salzen, pfeffern, mit Olivenöl und Zitronensaft beträufeln und für 20-25 Minuten im Ofen rösten.
3. Koriander fein hacken und mit dem Frischkäse eine Creme anrühren. Mit Salz und Pfeffer abschmecken.
4. Olivenöl in einer Pfanne erhitzen. Zanderfilets salzen, pfeffern, mit Zitronensaft beträufeln und auf der Hautseite scharf anbraten. Herausnehmen, auf den Serranoschinken legen und mit Koriandercreme bestreichen. Schinken um die Zanderfilets wickeln und mit Zahnstochern feststecken. Zanderfilets zum Spargel in den Ofen legen und ca. 15 Minuten lang mitbacken.
5. Vor dem Servieren Zahnstocher wieder entfernen und den Spargel mit etwas Balsamico-Essig beträufeln.

Tipp:

*Grüner Spargel hat viele positive Eigenschaften:
Er sorgt für eine schöne, gesunde Haut und hilft durch die vielen in ihm enthaltenen Vitamine bei Konzentrationsproblemen und Nervosität.
Außerdem regt grüner Spargel die Nierentätigkeit an und wirkt leicht entwässernd.*

Tomatensuppe
mit Garnelen und gerösteten Pinienkernen

Zutaten für 2 Portionen:

250 g Tomatensoße aus dem Glas
250 g gehackte Tomaten
200 g Cocktailgarnelen (TK)
20 g Pinienkerne
gehackte Petersilie
Salz und Pfeffer

Nährwerte pro Portion:

210 kcal, 22 g EW, 9 g KH, 7 g F
kalorienarm
eiweißreich
kohlenhydratarm
fettarm

Zubereitung:

1 Gefrorene Garnelen in einer beschichteten Pfanne bei mittlerer Temperatur erhitzen. Abtropfwasser nicht abgießen. Tomatensoße und gehackte Tomaten hinzugeben, Petersilie hinzufügen und kurz aufkochen lassen. Suppe mit Salz und Pfeffer abschmecken und vom Herd nehmen.

2 Pinienkerne in einer beschichteten Pfanne kurz anrösten. Suppe mit den Pinienkernen und etwas Petersilie bestreuen und servieren.

Tipp:

Verarbeitete Tomaten enthalten deutlich mehr von dem Antioxidans und Radikalfänger Lycopin als ihre frischen Kollegen. Dafür weisen frische Tomaten einen höheren Vitamin-C-Gehalt auf. Daher sollten sowohl frische Tomaten als auch Tomaten aus Dose, Glas oder Tube regelmäßig auf dem Speiseplan stehen.

Kalte Avocadosuppe
mit Räucherlachs

Zutaten für 2 Portionen:

1 Avocado
1 halbe Salatgurke
Saft einer halben Limette
1 Knoblauchzehe
1 halbe Zwiebel
100 g Frischkäse (0,2% Fett)
100 ml Wasser
frischer Koriander
4 Scheiben Räucherlachs
Salz und Pfeffer
Stevia

Nährwerte pro Portion:

375 kcal, 17 g EW, 4 g KH, 32 g F
eiweißreich
kohlenhydratarm
wertvolle Fette
ballaststoffreich

Zubereitung:

1 Avocado, Gurke, Knoblauchzehe und Zwiebel in grobe Stücke schneiden. Zusammen mit dem Limettensaft, Frischkäse, Wasser und einer großen Handvoll Koriander pürieren.

2 Suppe mit Salz, Pfeffer und einer Prise Stevia abschmecken. Für 1 bis 2 Stunden im Kühlschrank kalt stellen.

3 Räucherlachs in mundgerechte Streifen schneiden und zusammen mit der Avocado-Gurken-Suppe servieren.

Tipp:

Die Avocado hat zwar mit durchschnittlich 24 g Fett pro 100 g einen sehr hohen Fettgehalt, sie ist aber trotzdem oder gerade deswegen sehr gesund! Die enthaltenen Fettsäuren sind nämlich überwiegend einfach ungesättigt und wirken sich in vielerlei Hinsicht positiv auf die Gesundheit aus.

Linsensuppe
mit Putenbrust und Kartoffeln

Zutaten für 2 Portionen:

300 g Linsen mit Suppengrün aus der Dose
200 g Putenbrustaufschnitt
200 g Kartoffeln
400 ml Gemüsebrühe
frische Petersilie
Thymian, Majoran und Pfeffer

Nährstoffe pro Portion:

300 kcal, 33 g EW, 35 g KH, 3 g F
eiweißreich
hochwertige Kohlenhydrate
fettarm
ballaststoffreich

Zubereitung:

1 Kartoffeln schälen und gar kochen oder bereits vorgekochte Kartoffeln verwenden.

2 Putenbrustaufschnitt und Kartoffeln fein würfeln und in einem Topf oder in einer beschichteten Pfanne zusammen mit 100 ml Gemüsebrühe erhitzen.

3 Linsen unterrühren und warm werden lassen. Den Rest der Gemüsebrühe hinzugeben.

4 Petersilie fein hacken und die Linsensuppe damit abschmecken. Mit Thymian, Majoran und Pfeffer würzen, kurz aufkochen lassen und servieren.

Tipp:

Aufgewärmt schmeckt die Linsensuppe fast noch besser, da so das Aroma der Gewürze besser einziehen kann. Die Suppe kann also gut auch in größeren Mengen zubereitet und erst am nächsten Tag gegessen werden.

Gazpacho
mit Serranoschinken

Zutaten für 2 Portionen:

250 g Tomaten
125 g Salatgurke
100 g gelbe Paprika
100 g gehackte Tomaten
2 Knoblauchzehen
1 halbes Vollkornbrötchen oder
1 Scheibe weiches Vollkornbrot
50 g Frischkäse (0,2% Fett)
4 Scheiben Serranoschinken
50 ml kalte Gemüsebrühe
2 EL Olivenöl
1 EL Balsamico-Essig
Salz

Nährwerte pro Portion:

230 kcal, 15 g EW, 14 g KH, 9 g F
kalorienarm
eiweißreich
hochwertige Kohlenhydrate
fettarm

Zubereitung:

1 Vollkornbrötchen oder Vollkornbrot grob zerkleinern, mit etwas Wasser beträufeln und mindestens 30 Minuten durchziehen lassen.

2 Tomaten, Gurke, Paprika und Knoblauchzehen zusammen mit den gehackten Tomaten pürieren. Das eingeweichte Brötchen, Frischkäse, Gemüsebrühe, Olivenöl und Balsamico-Essig hinzugeben und erneut pürieren. Mit Salz abschmecken.

3 Gazpacho vor dem Verzehr mindestens 1 Stunde in den Kühlschrank stellen. Serranoschinken in Streifen schneiden und die Gazpacho vor dem Servieren damit garnieren.

Tipp:

Eine Gazpacho ist eine traditionelle kalte Gemüsesuppe aus Spanien. Auch wenn sie sehr gesund ist, ist der Proteinanteil in der Regel nicht besonders hoch. Bei diesem Rezept wurde er durch den Frischkäse und den Serranoschinken aufgewertet. So findet diese aromatische Suppe ihren Platz in einer fitnessorientierten und eiweißbetonten Ernährung.

Kokossuppe
mit Zitronengras, Hähnchen und Brokkoli

Zutaten für 2 Portionen:

250 ml Kokosmilch Light
250 ml Gemüsebrühe
150 g Hähnchenbrustfilet
100 g Brokkoliröschen
1 halbe Limette
1 halbe Chilischote
1 Stängel Zitronengras
2-3 Kaffirlimettenblätter
frische Minze
Kurkuma, Salz und Pfeffer

Nährwerte pro Portion:

172 kcal, 22 g EW, 4 g KH, 8 g F
kalorienarm
eiweißreich
kohlenhydratarm
fettarm

Zubereitung:

1 Hähnchenbrustfilet waschen, trocken tupfen und in Würfel schneiden. Kaffirlimettenblätter in feine Streifen, Chilischote in Ringe schneiden.

2 Kokosmilch und Gemüsebrühe in einem Topf zusammen mit dem Zitronengras, den Kaffirlimettenblättern und der Chilischote kurz aufkochen lassen. Hähnchenwürfel zusammen mit ein paar Blättern Minze in die Suppe geben und bei niedriger Hitze köcheln lassen.

3 Nach ca. 5 Minuten die Brokkoliröschen hinzugeben und ca. 5 Minuten weiterköcheln lassen. Suppe mit Kurkuma, Salz und Pfeffer abschmecken und servieren.

Tipp:

Zitronengras und Kaffirlimettenblätter sind im Asiamarkt oder in gut sortierten Supermärkten erhältlich. Sie lassen sich sehr gut einfrieren und können somit auch ohne Probleme auf Vorrat gekauft werden.

Couscoussalat
mit grünem Spargel und Garnelen

Zutaten für 2 Portionen:

80 g Couscous
200 g Cocktailgarnelen (TK)
125 g grüner Spargel
(möglichst dünne Stängel verwenden)
100 ml Gemüsebrühe
1 Limette
2 EL Olivenöl
1 EL weißer Balsamico-Essig
8 Stängel frischer Koriander
Salz, Pfeffer und Stevia

Nährwerte pro Portion:

290 kcal, 24 g EW, 28 g KH, 8 g F
kalorienarm
eiweißreich
hochwertige Kohlenhydrate
fettarm

Zubereitung:

1 Garnelen mit kaltem Wasser abwaschen, in einem Sieb auftauen lassen und trocken tupfen. Einen EL Olivenöl in einer beschichteten Pfanne erhitzen und die Garnelen darin rosa braten.

2 Couscous mit kochender Gemüsebrühe übergießen und 5 Minuten quellen lassen. Die Menge der benötigten Gemüsebrühe sowie die Quellzeit kann je nach Sorte variieren (hier die Packungsanleitung beachten). Nach Ende der Quellzeit Couscous mit einer Gabel auflockern.

3 Holzige Enden des Spargels entfernen. Grünen Spargel mit ein wenig Wasser und einer Prise Salz bei mittlerer Temperatur in einem Topf bissfest garen. Anschließend in ca. 3 cm lange Stücke schneiden.

4 Limette auspressen und Koriander fein hacken. Limettensaft mit Olivenöl und Balsamico vermischen, mit einer Prise Stevia abschmecken und über den Couscous geben. Koriander, Spargel und Garnelen unterheben und alles gut miteinander vermengen. Mit Salz und Pfeffer abschmecken und nach Möglichkeit ein wenig durchziehen lassen.

Tipp:

Aufgrund der kurzen Zubereitungszeit ist Couscous eine ideale Wahl, wenn es schnell gehen muss! Außerdem sättigt Couscous gut und enthält neben wichtigen Vitaminen und Mineralstoffen viele wertvolle Spurenelemente.

Hüttenkäsesalat
mit Leinsamen und Ei

Zutaten für 2 Portionen:

400 g fettarmer körniger Frischkäse (Hüttenkäse)
20 g Leinsamen
2 hartgekochte Eier
1-2 Lauchzwiebeln
2 TL mittelscharfer Senf
1 Handvoll frischer Schnittlauch
Salz und Pfeffer

Nährwerte pro Portion:

255 kcal, 40 g EW, 4 g KH, 11 g F
kalorienarm
eiweißreich
kohlenhydratarm
wertvolle Fette

Zubereitung:

1 Eier ca. 9 Minuten hart kochen. Mit kaltem Wasser abschrecken und abkühlen lassen.

2 Lauchzwiebeln und Schnittlauch in Ringe schneiden. Einige Lauchzwiebelringe zum Garnieren zur Seite legen.

3 Hüttenkäse mit Leinsamen, Lauchzwiebeln, Schnittlauch und Senf verrühren. Mit Salz und Pfeffer abschmecken. Eier schälen, in Würfel schneiden und unter den Salat heben. Mit den Lauchzwiebelringen dekorieren.

Tipp:

Fettarmer körniger Frischkäse ist der perfekte Snack vor dem Schlafengehen! Er enthält kaum Kohlenhydrate und Fett, dafür aber viel langsam verdauliches Protein. So wird die Eiweißversorgung des Körpers über die lange nächtliche Fastenperiode optimal gewährleistet. Wird der körnige Frischkäse wie in diesem Rezept mit ein paar guten Fetten kombiniert, kann die Eiweißaufnahme sogar noch zusätzlich ein wenig verlangsamt werden.

Schnittlauchbrot
mit Schinkenomelette

Zutaten für 2 Portionen:

2 Scheiben Roggenvollkornbrot
2 Volleier
2 Eiklar
25 g Putenbrustaufschnitt
100 g Frischkäse (0,2% Fett)
frischer Schnittlauch
1 Lauchzwiebel
2 Blätter Eisbergsalat
1 TL Olivenöl
100 g Radieschen
Salz

Nährwerte pro Portion:

290 kcal, 24 g EW, 25 g KH, 9 g F
kalorienarm
hochwertige Kohlenhydrate
fettarm
ballaststoffreich

Zubereitung:

1 Ein paar Stängel Schnittlauch in feine Röllchen schneiden und mit dem Frischkäse und einer Prise Salz cremig rühren.

2 Eier miteinander verquirlen und mit Salz abschmecken. Putenbrustaufschnitt in kleine Quadrate und Lauchzwiebel in Ringe schneiden. Olivenöl in einer beschichteten Pfanne bei mittlerer Temperatur erhitzen und die Eier hineingeben. Putenbrust und Lauchzwiebeln darüber streuen. So lange braten, bis das Omelette stockt, dann wenden und kurz von der anderen Seite fertig braten.

3 Vollkornbrot im Backofen bei 180° ca. 1 Minute rösten. Halbieren, mit der Schnittlauchcreme bestreichen und je einem halben Salatblatt belegen. Omelette je nach Größe des Brotes vierteln bzw. achteln und darauf legen.

4 Radieschen halbieren, salzen und zu den Schnittlauchbroten servieren.

Tipp:

Vollkornbrot enthält mehr als doppelt so viele Vitamine und Mineralstoffe wie Weißbrot. Außerdem beinhaltet es viele Ballaststoffe, die lange sättigen. Beim Kauf sollte besonders darauf geachtet werden, dass dem Vollkornbrot kein Zucker zum Beispiel in Form von Zuckerrübensirup beigemischt wurde.

Süßkartoffelchips
mit Avocado-Dip

Zutaten für 2 Portionen:

Für die Süßkartoffelchips:
1 Süßkartoffel
1 EL Olivenöl
grobkörniges Meersalz

Für den Avocado-Dip:
1 halbe Avocado
100 g Frischkäse (0,2% Fett)
50 g fettarmer Natur-Joghurt
2 EL Zitronensaft
Salz und Pfeffer

Nährwerte pro Portion:

280 kcal, 10 g EW, 17 g KH, 19 g F
kalorienarm
hochwertige Kohlenhydrate
wertvolle Fette
ballaststoffreich

Zubereitung:

1 Backofen auf 180°C vorheizen (Ober- und Unterhitze).

2 Süßkartoffel schälen, in hauchdünne Scheiben schneiden und auf ein mit Backpapier ausgelegtes Backblech legen. Mit Olivenöl bepinseln, Meersalz darüber streuen und ca. 15-20 Minuten backen. Die Chips dabei gut im Auge behalten, da sie leicht schwarz werden können.

3 Für den Avocado-Dip die Avocado aushöhlen und zusammen mit dem Zitronensaft in einer Schüssel zerdrücken. Mit Frischkäse und Natur-Joghurt cremig rühren, salzen und pfeffern.

Tipp:

Süßkartoffeln gehören zu den gesündesten Nahrungsmitteln überhaupt! Sie stecken voller Vitamine, Mineralstoffe und Spurenelemente. Außerdem haben Süßkartoffeln einen niedrigeren Einfluss auf den Blutzuckerspiegel als herkömmliche Kartoffeln, weshalb sie vor allem auch in Diäten eine sehr beliebte Kohlenhydratquelle sind.

Reiswaffel-Mini-Pizzen

Zutaten für 2 Portionen:

8 Reiswaffeln
100 g Harzer Käse
250 g Tomatensoße aus dem Glas
40 g Mais aus dem Glas
40 g Champignons aus dem Glas
Oregano
Basilikum
Thymian
Rosmarin
Salz und Pfeffer

Nährwerte pro Portion:

230 kcal, 17 g EW, 35 g KH, 1 g F
kalorienarm
eiweißreich
hochwertige Kohlenhydrate
fettarm

Zubereitung:

1 Backofen auf 180°C vorheizen (Ober- und Unterhitze).

2 Tomatensoße auf den Reiswaffeln verteilen. Mit den Kräutern würzen, salzen und pfeffern. Harzer Käse in kleine Stücke schneiden. Mini-Pizzen mit dem Käse, Mais und Champignons belegen und für 10 Minuten im Ofen backen.

Tipp:

Harzer Käse ist mit 30 g Eiweiß je 100 g eine echte Proteinbombe! Außerdem enthält er keine Kohlenhydrate und kaum Fett. Sein intensiver Geschmack ist zwar nicht jedermanns Sache, aufgrund seiner unschlagbaren Nährwerte ist Harzer Käse aber in jedem Fall einen Versuch wert.

Reisquark
mit gefrorenen Himbeeren

Zutaten für 2 Portionen:

500 g Magerquark
200 g gekochter kalter Reis (entspricht ca. 75 g rohem Reis; Sorte nach Wahl)
100 g gefrorene Himbeeren
Stevia (ca. 6 Tabs oder 1 TL Stevia-Granulat)

Nährwerte pro Portion:

290 kcal, 28 g EW, 43 g KH, 2 g F
kalorienarm
eiweißreich
hochwertige Kohlenhydrate
fettarm

Zubereitung:

1 Reis nach Packungsanleitung zubereiten und im Kühlschrank oder Gefrierfach gut abkühlen lassen. Optional bereits vorgekochten Reis verwenden.

2 Gefrorene Himbeeren in eine Plastiktüte füllen und mit einem Hammer in kleine Stückchen hauen.

3 Magerquark, Reis, Himbeerstückchen und Stevia miteinander verrühren und genießen.

Tipp:

Reis besteht überwiegend aus langkettigen Kohlenhydraten. Diese sind wichtig, um den Körper lang anhaltend mit Energie zu versorgen. Kurzkettige Kohlenhydrate, die beispielsweise in Weißmehlprodukten oder Süßigkeiten vorkommen, liefern dagegen nur kurzzeitig Energie und lassen den Blutzuckerspiegel sehr schnell ansteigen. Dies wiederum begünstigt Fetteinlagerungen. Daher sollten bei einer figurbewussten Ernährung auch überwiegend langkettige Kohlenhydrate konsumiert werden.

Süßer Reiswaffelsnack

Zutaten für 2 Portionen:

4 ungesalzene Reiswaffeln
150 g Erdbeeren
200 g fettarmer körniger Frischkäse (Hüttenkäse)
2 Spritzer Limettensaft
Stevia (ca. 5 Tabs oder 1 TL Stevia-Granulat)
frische Minze zum Garnieren

Nährwerte pro Portion:

150 kcal, 18 g EW, 18 g KH, 1 g F
kalorienarm
eiweißreich
hochwertige Kohlenhydrate
fettarm

Zubereitung:

1 Körnigen Frischkäse mit Stevia abschmecken und auf die Reiswaffeln streichen.

2 Erdbeeren mit 2 Spritzern Limettensaft und einer Prise Stevia pürieren. Erdbeerpüree auf den Frischkäse-Reiswaffeln verteilen, mit der Minze garnieren und servieren.

Tipp:

Reiswaffeln sind kalorien- und fettarm und eignen sich somit auch in einer Diät als Snack für zwischendurch. Eine Reiswaffel enthält weniger als 30 kcal und ist aufgrund ihres hohen Volumens sehr sättigend.

Kokosquark
mit Kirschen

Zutaten für 2 Portionen:

400 g Magerquark
100 ml Kokosmilch Light
30 g Kokosraspeln
150 g Kirschen
Stevia (ca. 6 Tabs oder
1 TL Stevia-Granulat)

Nährwerte pro Portion:

290 kcal, 25 g EW, 17 g KH, 13 g F
kalorienarm
eiweißreich
hochwertige Kohlenhydrate
wertvolle Fette

Zubereitung:

1 Magerquark mit Kokosmilch und Stevia cremig rühren, anschließend die Kokosraspeln unterheben.

2 Kirschen halbieren, entkernen und in eine Schale geben. 2 Kirschen zum Dekorieren aufheben.

3 Kokosquark über die Kirschen geben, mit ein paar Kokosraspeln und den Kirschen garnieren und servieren.

Tipp:

Kokosmilch ist in verschiedenen Fettstufen erhältlich. Den niedrigsten Fettgehalt hat dabei Kokosmilch Light mit durchschnittlich 6 g Fett pro 100 g. Sie ist in der Feinkostabteilung jedes gut sortierten Supermarktes zu finden.

Proteinmilchreis
aus Naturreis

Zutaten für 2 Portionen:

80 g Naturreis
250 ml fettarme Milch
200 ml Wasser
20 g Vanille-Proteinpulver
25 g Vanille-Puddingpulver
Stevia (ca. 3 Tabs)
Zimt
Salz

Nährwerte pro Portion:

285 kcal, 18 g EW, 28 g KH, 2 g F
kalorienarm
eiweißreich
hochwertige Kohlenhydrate
fettarm

Zubereitung:

1 Wasser mit einer Prise Salz zum Kochen bringen. Naturreis hineingeben und ca. 30 Minuten bei niedriger Hitze und geschlossenem Deckel köcheln lassen, bis der Reis das Wasser aufgesogen hat. Anschließend mit einer Gabel auflockern und ausdampfen lassen.

2 Milch mit dem Puddingpulver verrühren, Naturreis hinzugeben und unter ständigem Rühren aufkochen. Vanille-Proteinpulver und Stevia untermischen. Vor dem Servieren mit Zimt bestreuen.

Tipp:

Naturreis besitzt im Gegensatz zu geschältem weißen Reis noch sein wertvolles Silberhäutchen und seinen Keimling. Dadurch enthält er wesentlich mehr Vitamine, Mineralien und Ballaststoffe. Daher ist Naturreis in jedem Fall die erste Wahl, wenn es um eine ausgewogene und gesunde Ernährung geht.

Bratapfelsnack
mit Vanille-Mandel-Creme

Zutaten für 2 Portionen:

1 grüner Apfel
20 g Rosinen
20 g gehackte Haselnüsse
30 g weißes Mandelmus
10 g Vanille-Proteinpulver
etwas fettarme Milch
1 TL Kokosöl

Nährwerte pro Portion:

265 kcal, 10 g EW, 16 g KH, 16 g F
kalorienarm
hochwertige Kohlenhydrate
wertvolle Fette

Zubereitung:

1 Apfel in Scheiben schneiden. Kokosöl in einer beschichteten Pfanne erhitzen und die Apfelscheiben bei mittlerer Hitze zusammen mit den Rosinen und den gehackten Haselnüssen von beiden Seiten ca. 1 Minute anbraten.

2 Für die Vanille-Mandel-Creme Mandelmus und Vanille-Proteinpulver mit ein wenig Milch cremig rühren.

3 Apfelscheiben fächerförmig anordnen, mit der Vanille-Mandel-Creme beträufeln und mit den Rosinen und den gehackten Haselnüssen bestreuen.

Tipp:

Kokosöl ist relativ geschmacksneutral und eignet sich daher auch hervorragend für die Zubereitung von Süßspeisen. Außerdem ist Kokosöl sehr gesund: Unter anderem kurbelt es den Stoffwechsel an, wirkt antibakteriell, schützt vor Herzerkrankungen und sorgt für eine schöne Haut.

Espressocreme
mit gerösteten Mandelsplittern

Zutaten für 2 Portionen:

300 g Frischkäse (0,2% Fett)
10 g gehobelte Mandeln
20 g Vanille-Proteinpulver
2-3 EL Espresso oder Kaffee
Stevia (ca. 4 Tabs)

Nährwerte pro Portion:

160 kcal, 26 g EW, 6 g KH, 3 g F
kalorienarm
eiweißreich
kohlenhydratarm
fettarm

Zubereitung:

1 Espresso oder Kaffee zubereiten und abkühlen lassen. Frischkäse mit Vanille-Proteinpulver, Espresso und Stevia cremig rühren.

2 Gehobelte Mandeln in einer beschichteten Pfanne auf mittlerer Hitze von allen Seiten kurz anrösten und über die Espressocreme streuen.

Tipp:

Frischkäse ist in mehreren Fettstufen erhältlich. Die niedrigste enthält lediglich 0,2 g Fett auf 100 g. Fettarmer Frischkäse hat ähnliche Nährwerte wie Magerquark, weist aber eine festere und cremigere Konsistenz auf. Dadurch wird er zu einer idealen Grundlage für leckere Dessertcremes!

Apfel-Zimt-Muffins

Zutaten für 6 Muffins:

45 g entöltes Mandelmehl
80 g Apfel
30 g Vanille-Proteinpulver
3 TL fettarmer körniger Frischkäse (Hüttenkäse)
3 Eiklar
90 ml fettarme Milch
1 gehäufter TL Zimt
1 TL Backpulver
Stevia (ca. 14 Tabs oder 2 TL Stevia-Granulat)
Zimt und Stevia zum Bestreuen der Muffins

Nährwerte pro Portion:

(1 Muffin):
70 kcal, 12 g EW, 3 g KH, 1 g F
kalorienarm
kohlenhydratarm
fettarm

Zubereitung:

1 Backofen auf 180°C vorheizen (Ober- und Unterhitze).

2 Apfel in kleine Stücke schneiden. Alle Zutaten zu einem Teig verrühren und in Muffinförmchen aus Silikon füllen.

3 Die Muffins ca. 20 Minuten backen. Falls die Oberfläche zu schnell braun wird, die Muffins mit Alufolie abdecken.

4 Etwas Zimt mit einer Prise Stevia vermengen und über die fertigen Muffins sieben. Die Apfel-Zimt-Muffins am besten gleich warm genießen.

Tipp:

Zimt wirkt antibakteriell, durchblutungsfördernd und hilft dabei, den Blutzuckerspiegel zu senken. Allerdings treffen diese positiven Eigenschaften nur auf den echten Ceylon-Zimt zu. Der meist im Handel angebotene Cassia-Zimt enthält einen Stoff namens Cumarin, der bei regelmäßigem Verzehr schon in relativ niedrigen Dosierungen Leberschäden verursachen kann.

Tiramisu

Zutaten für 4 Portionen:

Für die Biskuits:
4 Volleier
30 g entöltes Mandelmehl
30 g Dinkelvollkornmehl
1 TL Backpulver
3-4 EL Mineralwasser
Stevia (ca. 30 Tabs oder
5 TL Stevia-Granulat)

Für die Creme und den Kaffee zum Eintauchen der Biskuits:
400 g Frischkäse (0,2% Fett)
2 Eigelb (hier sehr frische Eier verwenden)
1 Fläschchen Rum-Aroma
100 ml Espresso oder starker Kaffee
Stevia (ca. 16 Tabs oder
2 gehäufte TL Stevia-Granulat)

Außerdem:
1 EL Kakaopulver zum Bestäuben

Nährwerte pro Portion:

240 kcal, 24 g EW, 9 g KH, 10 g F
kalorienarm
eiweißreich
kohlenhydratarm
wertvolle Fette

Zubereitung:

1. Backofen auf 180°C vorheizen (Ober- und Unterhitze).
2. Eier trennen und das Eiweiß zu Eischnee schlagen. Eigelb mit Mandelmehl, Dinkelvollkornmehl, Backpulver und Mineralwasser zu einem Teig rühren und kräftig mit Stevia süßen. Zum Schluss den Eischnee unterheben und den Teig fingerdick auf ein mit Backpapier ausgelegtes Backblech streichen. Für 20 Minuten im Ofen backen und anschließend abkühlen lassen.
3. Für die Creme das Eigelb mit Stevia und einem halben Fläschchen Rum-Aroma verrühren. Anschließend den Frischkäse unterheben und cremig rühren.
4. Den Kaffee mit dem restlichen Rum-Aroma und einer Prise Stevia verrühren. Biskuitteig in Streifen schneiden, kurz in den Kaffee eintauchen und eine Schicht Biskuits in eine Auflaufform legen. Mit der Hälfte der Creme bestreichen. Eine weitere Schicht Biskuits quer zur ersten Schicht auflegen und mit dem Rest der Creme bestreichen.
5. Das Tiramisu am besten über Nacht im Kühlschrank durchziehen lassen. Vor dem Servieren mit dem Kakaopulver bestäuben.

Tipp:

Wer den Alkoholgeschmack nicht mag, kann statt Rum-Aroma auch Vanille-Aroma verwenden. Je nach gewünschter Geschmacksintensität können für das Tiramisu sogar bis zu zwei Fläschchen Aroma verwendet werden.

Eiweiß-Crêpes
mit Protein-Nutella und Bananen

Zutaten für 2 Portionen:

Für den Teig:
1 Vollei
2 Eiklar
15 g Vanille-Proteinpulver
1 TL Mineralwasser
1 TL Kokosöl
Stevia (ca. 4 Tabs)

Für die Füllung:
10 g Schoko-Proteinpulver
70 g Frischkäse (0,2% Fett)
40 g Banane
15 g Haselnussmus
1 kleiner TL Backkakao
etwas fettarme Milch
Stevia (ca. 5 Tabs oder
1 TL Stevia-Granulat)

Nährwerte pro Portion:

230 kcal, 24 g EW, 7 g KH, 11 g F
kalorienarm
eiweißreich
kohlenhydratarm
wertvolle Fette

Zubereitung:

1. Vollei, Eiklar, Vanille-Proteinpulver, Stevia und Mineralwasser zu einem Teig verquirlen.
2. Die Hälfte des Kokosöls in einer beschichteten Pfanne erhitzen und die Hälfte des Teiges hineingeben. Den Teig durch Schwenken der Pfanne gleichmäßig verteilen und backen. Sobald der Boden sich lösen lässt, den Crêpe mit Hilfe eines Pfannenwenders wenden und von der anderen Seite fertig backen. Die andere Hälfte des Teiges ebenfalls von beiden Seiten backen.
3. Schoko-Proteinpulver, Frischkäse, Haselnussmus, Backkakao und Stevia mit etwas Milch cremig rühren. Banane in dünne Scheiben schneiden.
4. Eiweiß-Crêpes mit der Protein-Nutella bestreichen, mit den Bananenscheiben belegen und zusammenfalten.

Tipp:

Die Eiweiß-Crêpes sind ohne die Füllung auch eine tolle Zwischenmahlzeit für unterwegs! Sie lassen sich schnell vorbereiten, platzsparend aufbewahren und können problemlos mit den Händen gegessen werden. Für ein wenig geschmackliche Abwechslung können dem Teig zum Beispiel auch ein paar Blaubeeren hinzugefügt werden.

Mousse au Chocolát

Zutaten für 2 Portionen:

30 g Bitterschokolade
10 g Schoko-Proteinpulver
1 Eigelb (hier ein sehr frisches Ei verwenden)
60 g Eiklar
20 ml fettarme Milch
Stevia (ca. 5 Tabs oder 1 TL Stevia-Granulat)

Nährwerte pro Portion:

170 kcal, 15 g EW, 4 g KH, 11 g F
kalorienarm
eiweißreich
kohlenhydratarm
wertvolle Fette

Zubereitung:

1 Eiklar zu einem festen Eischnee schlagen. Bitterschokolade in einem lauwarmen Wasserbad schmelzen lassen. Währenddessen das Eigelb mit Milch und Stevia cremig rühren.

2 Die geschmolzene Schokolade zusammen mit dem Proteinpulver unter das Eigelb und die Milch mischen. Zum Schluss vorsichtig den Eischnee unterheben.

3 Die Mousse für mehrere Stunden (am besten über Nacht) im Kühlschrank kaltstellen. Vor dem Verzehr auf Zimmertemperatur kommen lassen.

Tipp:

Bitterschokolade beinhaltet durch ihren hohen Kakaoanteil wesentlich weniger Zucker als andere Schokoladensorten. Im Kakao sind außerdem verschiedene Substanzen enthalten, die sich positiv auf Herz und Gefäße auswirken. Kleine Mengen Bitterschokolade (bis zu 20 g am Tag) können also der Gesundheit durchaus zuträglich sein.

Haselnusscreme

Zutaten für 2 Portionen:

300 g Frischkäse (0,2% Fett)
20 g Schoko-Proteinpulver
20 g Haselnussmus
10 g gehackte Haselnüsse
Stevia (ca. 2 Tabs)

Nährwerte pro Portion:

235 kcal, 27 g EW, 8 g KH, 10 g F
kalorienarm
eiweißreich
kohlenhydratarm
wertvolle Fette

Zubereitung:

1 Frischkäse, Stevia, Proteinpulver und Haselnussmus mit etwas Wasser cremig rühren.

2 Gehackte Haselnüsse unterheben und die Creme genießen.

Tipp:

Nüsse sind reich an ungesättigten Fettsäuren, die unter anderem das Risiko für Herz-Kreislauf-Erkrankungen mindern und sich positiv auf das Gedächtnis und die Nervenfunktionen auswirken. Daher sollte im Rahmen einer gesunden und ausgewogenen Ernährung täglich eine Handvoll Nüsse verzehrt werden.

Schoko-Kokos-Brownies

Zutaten für 12 Brownies:

70 g entöltes Mandelmehl
200 g Magerquark
250 g Eiklar
1 Eigelb
75 g Schoko-Proteinpulver
100 ml fettarme Milch
50 ml Wasser
75 g Bitterschokolade
75 g Schokotröpfchen aus Bitterschokolade
70 g Kokosraspeln
15 g Backkakao
1 Päckchen Backpulver
Stevia (ca. 25 Tabs oder
4 TL Stevia-Granulat)

Nährwerte pro Portion:

(1 Brownie):
160 kcal, 15 g EW, 5 g KH, 9 g F
kalorienarm
eiweißreich
kohlenhydratarm
fettarm

Zubereitung:

1 Backofen auf 170°C vorheizen (Ober- und Unterhitze).

2 Bitterschokolade im lauwarmen Wasserbad schmelzen lassen.

3 Magerquark, Eiklar und Eigelb miteinander vermengen. Mandelmehl, Schoko-Proteinpulver, Kokosraspeln, Backkakao, Backpulver und Stevia unterheben und unter Zuschütten der Milch zu einem Teig verrühren. Schokotröpfchen in den Teig geben, mit der geschmolzenen Bitterschokolade übergießen und zusammen mit dem Wasser unterrühren.

4 Teig in eine große oder zwei kleine Auflaufformen füllen und ca. 20 Minuten backen. Auskühlen lassen und in 12 Rechtecke schneiden.

Tipp:

Da für dieses Rezept relativ viel Eiklar benötigt wird, landen bei der Verwendung von frischen Eiern auch ziemlich viele Eidotter im Müll, wenn sie nicht anderweitig verwertet werden können. Wer nicht jedes Mal das Eigelb wegwerfen möchte, kann stattdessen auch zu Eiklar aus dem Tetrapack greifen.

Mandelkekse

Zutaten für 12 Kekse:

120 g weißes Mandelmus
60 g gestiftelte Mandeln
60 g Vanille-Proteinpulver
60 g Frischkäse (0,2% Fett)
Stevia (ca. 12 Tabs oder
2 TL Stevia-Granulat)

Nährwerte pro Portion:

(2 Kekse)
215 kcal, 15 g EW, 2 g KH, 16 g F
kalorienarm
eiweißreich
kohlenhydratarm
wertvolle Fette

Zubereitung:

1 Backofen auf 180°C vorheizen (Ober- und Unterhitze).

2 Alle Zutaten gut miteinander vermischen und mit den Händen einen Teig kneten. Den Teig zu 12 kleinen Kugeln rollen. Kekse ca. 8-10 Minuten lang im Ofen backen und abkühlen lassen.

Tipp:

Wie alle Nüsse enthalten Mandeln viele hochwertige ungesättigte Fettsäuren. Diese proteinreichen Mandelkekse machen es besonders leicht und schmackhaft, dem Körper die tägliche Portion gute Fette zu geben, die er benötigt.

Schokoladen-Soufflé

Zutaten für 2 Soufflés:

2 Volleier
40 g Schoko-Proteinpulver (kein Whey, das Soufflé wird sonst zu trocken)
2 TL Backkakao
20 g Bitterschokolade
2 TL fettarme Milch
1 TL Backpulver
Stevia (ca. 10 Tabs oder 2 TL Stevia-Granulat)

Nährwerte pro Portion:

(1 Soufflé):
250 kcal, 27 g EW, 3 g KH, 13 g F
kalorienarm
eiweißreich
kohlenhydratarm
wertvolle Fette

Zubereitung:

1 Backofen auf 170°C vorheizen (Ober- und Unterhitze).

2 Bitterschokolade im lauwarmen Wasserbad schmelzen lassen.

3 Eier, Proteinpulver, Backkakao, Milch, Backpulver, Stevia sowie die geschmolzene Schokolade zu einer Masse verrühren.

4 Schokoladenmasse in 2 feuerfeste Förmchen füllen und so lange backen, bis die Soufflés sich heben.

5 Soufflés sofort servieren und warm genießen.

Tipp:

Backpulver wird nicht nur als Backtriebmittel, sondern auch als Hausmittel bei verschiedenen gesundheitlichen Beschwerden eingesetzt. Es kann unter anderem bei Übersäuerung, Unwohlsein, Völlegefühl oder Sodbrennen angewendet werden. Allerdings gilt das nur für reines Natriumhydrogencarbonat ohne Zusätze.

Bananen-Muffins
mit Blaubeeren

Zutaten für 6 Muffins:

50 g entöltes Mandelmehl
100 g Banane
50 g Blaubeeren
15 g Vanille-Proteinpulver
50 g Eiklar
50 g Magerquark
75 ml fettarme Milch
1 halbes Päckchen Backpulver
Stevia (ca. 8 Tabs oder
1 gehäufter TL Stevia-Granulat)

Nährwerte pro Portion:

(1 Muffin):
65 kcal, 8 g EW, 5 g KH, 1 g F
kalorienarm
kohlenhydratarm
fettarm

Zubereitung:

1 Backofen auf 170°C vorheizen (Ober- und Unterhitze). Eiklar zu lockerem Eischnee schlagen. Banane mit einer Gabel zerdrücken und mit Milch und Magerquark verrühren. Den Eischnee unterheben.

2 Entöltes Mandelmehl mit Vanille-Proteinpulver, Backpulver und Stevia vermengen und unter die feuchten Zutaten mischen. Den Teig dabei nicht zu glatt rühren. Zum Schluss die Blaubeeren unterheben.

3 Den Teig in Muffinförmchen aus Papier oder Silikon füllen und ca. 30 Minuten backen. Falls die Muffins eine braune Kruste bekommen, mit Alufolie abdecken. Die Bananen-Blaubeer-Muffins sind sowohl warm als auch kalt ein Genuss und lassen sich gut im Kühlschrank aufbewahren.

Tipp:

Bananen enthalten besonders viel von dem Mineralstoff Kalium. Kalium sorgt für ein Gleichgewicht des Wasser- und Elektrolythaushalts und wirkt sich positiv auf Herz und Blutdruck aus. Besonders Menschen, die viel Sport treiben, haben einen erhöhten Kaliumbedarf und sollten deshalb darauf achten, regelmäßig kaliumreiche Lebensmittel zu sich zu nehmen.

Eigene Notizen:

Eigene Notizen:

Eigene Notizen: